教师的生命
在教室里绽放

纪凤翔 / 著

东北师范大学出版社

长 春

图书在版编目（CIP）数据

教师的生命在教室里绽放 / 纪凤翔著. — 长春：
东北师范大学出版社，2019.8
ISBN 978-7-5681-6221-0

Ⅰ.①教… Ⅱ.①纪… Ⅲ.①小学—班主任工作—研
究 Ⅳ.①G625.1

中国版本图书馆CIP数据核字（2019）第199914号

□策划创意：刘　鹏
□责任编辑：袁彦文　陈国良　　□封面设计：姜　龙
□责任校对：李　松　　　　　　□责任印制：张允豪

东北师范大学出版社出版发行
长春净月经济开发区金宝街 118 号（邮政编码：130117）
电话：0431-84568115
网址：http：//www.nenup.com
北京言之凿文化发展有限公司设计部制版
廊坊市金朗印刷有限公司印装
廊坊市广阳区廊万路 18 号（邮编：065000）
2022年6月第1版　　2022年6月第1次印刷
幅面尺寸：170mm×240mm　印张：13.5　字数：220千

定价：45.00元

序言

老友纪凤翔托我为本书作序，推脱无果，便在此用钝拙之笔写下一些感受吧。

读完此书的草稿，脑海里不停地蹦着一个词语：自由、自由、自由……万物生长需要自由，何况是人呢！

1840年初，悲愤于"万马齐喑究可哀"的社会现状，龚自珍以江宁的盆梅作喻，写下了著名的《病梅馆记》。文中写道："有以文人画士孤癖之隐明告鬻梅者，斫其正，养其旁条，删其密，夭其稚枝，锄其直，遏其生气，以求重价，而江浙之梅皆病。""予购三百盆，皆病者，无一完者。既泣之三日，乃誓疗之：纵之顺之，毁其盆，悉埋于地，解其棕缚；以五年为期，必复之全之。"面对清廷对人才的束缚和压制，龚自珍以疗梅为己任，大声疾呼"不拘一格降人才"！

1916年底，蔡元培应邀回国出任北京大学的校长，当时他提出了"兼容并包，思想自由"的八字办学方针，由此拉开了他人生最辉煌的序幕。先生之风，山高水长。蔡元培缔造的"北大精神"光照师生，北京大学也由此成为莘莘学子梦寐以求的最高学府。北大之所以是北大，就是因为追求自由的精神。

2012年9月，纪凤翔出任青州云门书院的校长，在这座有着悠久历史和深厚文化底蕴的学校里，纪凤翔的教育理念不断地升华并开花、结果。纪凤翔从一线教师队伍中走来，一步一个脚印地成为一名校长。他是省特级教师，是潍坊教育魅力校长。当老师时，他深知一名教师的成长最渴望什么；当校长时，"把发展的主动权交给师生，让他们自由地生长"是其常挂在嘴边的一句话。这种"自由生长"的理念——走进青州云门书院的大门便可知一二。在校门的迎宾石上刻着"尊重教育，呵护生命"八个字，一种自由的气息扑面而来。目之所及，校园环境处处彰显着纪凤翔的育人理念。

在学校品牌的打造中，有的学校以习作见长，有的学校因传统文化卓著，有的学校则由习惯养成令人瞩目……来到云门书院这所学校，你会感觉到这里似乎并没有什么突出的"特色"。因为这所学校的语文教学、书法教学、艺体教学、传统文化教学、研学旅行活动、社团建设、教师队伍打造、课程建设……包括此书中涉及的特色班级创建，每个方面都走在了全省甚至全国的前列。纪凤翔在打造一所没有"特色"的"特色"学校。

这所学校的教育教学之所以会呈现出百花齐放、百家争鸣的景象，正是得益于纪凤翔的办学理念。教师的思想在自由地生长，就会开出特色班级创建这朵花，就会结出纪凤翔成为《当代教育家》封面人物这个果。

纪凤翔闲暇时喜欢侍弄花草。他说，这谈不上雅致，但从中会领悟一些道理。青州云门书院阶梯教室北墙上一整面的爬山虎是纪凤翔所植。每当夏季来临时，一墙的爬山虎，绿油油的，煞是好看。纪凤翔说，他之所以喜欢爬山虎，是因为这种植物有一种力争上游的精神，枝叶再密也不相互覆盖。不需要修剪，只需管好下面的土就行，它就会自然而然地覆盖整面墙……

"种树者，必培其根"，管理学校也是这样吧。唯有如此，师生才能自由地生长。

潍坊教科院 薛炳群

2019年2月23日

目录

陈　鸿：书香乐苑，带领师生找到生命的美好

史红艳：诗韵苑，诗香润童心

张海宁：漫步国学堂，写一段书香年华

杨远滨：厚积薄发，旭日蓬勃

潘凤刚：载着童年的"方正轩"，体验生命的多彩

张晓杰：爱是教育的源

杨敬伟：用心呵护，静等花开

邵英梅：书香润童年，阅读伴成长

王 媛：星星萤火，点缀一路书香

刘东美：让生命之色更亮丽

刘 萍：诵墨讲堂，欣赏怒放的生命

王 姣：爱与信仰，在星辉斑斓处绽放

王永明：六艺学堂，助推学生健康成长

陈 鸿
书香乐苑，带领师生找到生命的美好

陈鸿简介

陈鸿，青州云门书院语文教师。山东省特级教师，潍坊市教学能手，潍坊市最美辅导员，2015年度"中国好教师"。

陈鸿觉得自己做不了伟大的事，但可以把平凡的事做经典，把每一件小事做精彩。她把自己平凡的工作演绎创新，组织了"爱心读书俱乐部"，创建了"书香乐苑"特色班级。她用智慧为孩子们打开书籍的宝库，用心灵倾听孩子成长的声音，她把平凡的工作绘成了一道最美丽的风景。

陈鸿心语

阅读对成长很重要，教师培养孩子的阅读习惯很重要。我与孩子们和经典书籍相遇，是一场美丽的童话。我愿做一名艄公，伴着孩子的欢笑，满载一船星辉，向青草更青处漫溯。书香乐苑，让我的思想在教室里生长，让书香伴随每个孩子快乐成长。

家长感言

今年夏天很奇妙。一入夏，两只麻雀总在窗外茂盛的玉兰树上叽叽喳喳地叫。它们在我家空调室外机背面做了一个窝，就在走廊窗户下。六月中旬，不管刮风还是下雨，总能看到老麻雀飞来飞去忙碌的身影，频繁地听到小麻雀们嗷嗷待哺的叫声。我催着李璟欣去看，她早看过了：鸟窝空间很狭小，小鸟们不像画儿上的一样住在一个完全向上开放的窝里，而是藏在一个由细草秆筑成的狭小的洞里，只能偶尔看到嫩黄的嘴巴或没有长全羽毛的小翅膀，不知道里面一共有几只。每次去看，都得惹来老鸟们焦躁的叫声。晚上，因为老鸟们总站在窝外，我们也看不到什么。后来就不去看它们了。

一天早上上班前，走到鸟窝旁的窗户边，猛然听到一声小鸟恐惧的尖叫。失足坠落了？我迅速下楼去看，楼下没有痕迹！只听到老鸟在树上"喳喳喳"不停地叫！中午回家，猛然发现树上多了好几只小鸟，飞得还不稳，这才恍然大悟——"引飞儿"了！那一只尖叫的小家伙可能是老小儿，飞行能力差点儿，所以尖叫。

此后的几天，总看到它们一家绕着树开心地飞，似乎阳光也跟着明媚了许多！

这种呵护和引领啊，像极了老师的工作！一个月都这么辛劳，更何况六年呢？回想孩子六年的成长，千头万绪。只是看着他们那么喜欢读书，那么健康快乐地成长，我已满心喜悦！除了感谢老师们，我隐隐生出些美慕。

——李璟欣爸爸　李清华

书香乐苑，带领师生找到生命的美好

有阅读陪伴的人生会一步步走向美好和幸福，只要我们心里开满鲜花，哪怕将来遭遇再严酷的寒冬，心灵也不会变成荒野，因为我们内心的花儿是由优秀经典作品培育而成的。我们埋下阅读的种子，一定会收获浓浓的书香。

——题记

在古老而又年轻的青州云门书院双语学校里，常常见到这样一个身影：和孩子们一起游戏、跳绳，四十岁的她快乐得仿佛是个孩子；给孩子们忘情地讲故事，随着故事情节尽情地哭笑；为给孩子们推荐优秀图书，在办公室查阅资料到深夜；与家长促膝谈心，简直就是一位邻家大姐……她，就是用智慧为孩子们打开文学宝库，用心灵倾听孩子成长声音的名师——陈鸿。

每天清晨，陈鸿总是早早来到书香乐苑的教室里，带领学生读经诵典，给学生讲故事，乐此不疲地带领学生徜徉书海、品味书香，使经典书籍成为润泽学生童年的必备食粮。她感谢与学生相遇的缘分，把每个学生看成待放的花朵，在欣赏和呵护的同时，更怀着尊重与敬畏之心对待他们。

童书，唤醒生命的灿烂

教育的本质意味着：一棵树摇动另一棵树，一朵云推动另一朵云，一个灵魂唤醒另一个灵魂。

——雅斯贝尔斯

从2007年春天家长向孩子们赠阅第一本童书开始，绘本、儿童文学、少年科普读物就走进陈鸿和孩子们的生活。他们徜徉在经典中已有十多个年头了。"书香乐苑"特色班级的建立，让陈鸿、家长和孩子们在童书世界里找到了快乐与满足。生命之花灿烂开放。

1. 爱是可以传递的

家长会上，陈鸿把平日孩子们活动的照片精心制作成幻灯片，一一展示给家长们看。陈鸿爱这些小不点儿，孩子们乐于把自己的快乐与忧伤与她分享，她乐于做个倾听者，生活因为有了孩子们而忙碌，但有生机。家长们特别想了解自己孩子在学校里的点滴进步。家长会上，在与家长交谈的时候，陈鸿侧重她的主题：唤醒家长们对阅读的重视！

她介绍孩子们早上诵读的情况，展示背诗能手郭一诺的照片；介绍日记写得最好的闵祥钊的日记以及父亲写的亲子共读的感受——《心随书动》；对比读书能手王文杉的变化；展示王英睿从书中获得的科学知识……总之，每个孩子她都介绍到，让家长们看到孩子们的变化与家庭教育直接相关，与阅读状况直接相关。

最后，陈鸿介绍了以往学生家长捐赠书籍，成立爱心读书俱乐部的情况，也告知家长们如果有兴趣，可以积极参与。

第二天，王文杉悄悄告诉陈鸿："我妈妈愿意为同学们每人买一本书。"陈鸿很吃惊！这是一个双职工家庭，经济条件一般。是孩子逞强，还是家长自愿？陈鸿郑重地与家长进行了一次电话沟通，家长说："虽然我们是普通的双职工家庭，但是拿出几百块钱为孩子们各买一本书还是承担得起的。我们与王文杉约定，这个夏天，我们少吃点儿冷饮，少买件衣服，为全班每个小朋友买一本书。我们真心愿意这么做。"这是一件多么有意义的事啊！

陈鸿通过去书店、上网查找等方式，确定推荐王文杉家长购买《一年级鲜事多》这本书，很快快递把书送到了学校。《一年级鲜事多》是一本挺有意思的台湾校园故事书，书里的故事似乎就发生在身边。由于书中故事背景与我们的校园生活大不相同，书籍发到孩子们手中，孩子们就迫不及待地读起来……

与《一年级鲜事多》一起送来的还有赠送的三本图画书——《阿拉丁和神灯》《阿里巴巴和四十大盗》《豌豆上的公主》。陈鸿觉得有必要让王文杉的家长看到这些书，方便给网店一个评价。上课的时候，看到王文杉坐得端正，听讲认真，她就趁机说："今天对听讲认真的孩子有个奖励。瞧，是一本书呢。"王文杉上台领奖的时候，一脸得意。那天，还有两名同学也得到了同样的奖励，其他同学满眼羡慕。

第二天早上，王文杉手里拿着《阿拉丁和神灯》跑到陈鸿跟前，说："老师，这本书我已经看完了，请您再把它奖励给今天表现好的同学吧。妈妈说，爱是可以传递的。"好一句"爱是可以传递的"！这是一位多么智慧的母亲啊！她用自己微薄的收入为孩子们购买书籍，她把对女儿的爱传递给了每个孩子！

陈鸿很激动地抱了抱王文杉，高举书籍，对全班同学讲了这个故事，并提议同学们把最热烈的掌声送给最美女孩王文杉。

第三天早上，意想不到的事情发生了：王英睿拿着《西游记》来了，郭一诺拿着《公主的故事》来了……看来，爱真的可以传递！一个小小的举动，可以唤醒一批人对真善美的追求！

2. 童书，带她童眼看世界

有人说，人生最大的奢侈在于保持一颗童心。曾几何时，我们心中缺少了触动心灵的感动，脸上缺少了发自肺腑的笑容。自从与孩子们共读童书，陈鸿找回了那份久违的童真。

每天晚上，她都会捧起床头的童书读，读的过程中常常被感染得或哭或笑，连家里人都忍不住拿过童书看一看。读《青蛙弗洛格的成长故事》时，儿子就变成了弗洛格；读《傻鸭子欧巴儿》，儿子是欧巴儿，她是老黑管爷爷；读《老人与海》时，一家人经常讨论桑提阿果爷爷的命运给人的启迪……家里少了那份无所事事的寂寞，少了那份看肥皂剧的无聊，生活因为童书的陪伴而充满阳光。

备课时，陈鸿更多地思考着孩子们的思维方式：孩子喜欢边做动作边背课文，喜欢竞赛式学习，喜欢在游戏中学习，喜欢自己就是书中的主人公……只要孩子们喜欢，她便试着改变自己的教学方式。领着学生背《弟子规》后，她指导孩子们对照"置冠服，有定位。勿乱顿，致污秽"的标准检查自己的房间，然后再整理；学过《三字经》，她出示图片帮孩子们理解"稻粱菽，麦黍稷。此六谷，人所食""匏土革，木石金。丝与竹，乃八音"。

课堂上，陈鸿和学生们有了更多的共同语言。

在《柳林风声》的第一章《河流》中，看着鼹鼠对春天的好奇，看着春天不可抗拒的力量，读着大河像个孩子似的一路奔流前行，陈鸿被感染了，笑出了声儿。儿童文学能让人的心底纯净。

她跟着学生们阅读，仔细地读每一个章节。她觉得应该让每一个学生看到她的读书批注，尽管很费劲，但她咬牙坚持了下来。陈鸿常常上网与儿童阅读推广人探讨，渐渐地，她发现读童书很有意思，有时会情不自禁地与家人一起探讨，儿子也特别喜欢。

3. 童书，让家庭弥漫书香

在书香乐苑的建设中，最大的改变是家长们教育意识的增强，他们开始思考什么是孩子需要的，心思也变得细腻起来。俊成妈妈、文欣妈妈为孩子们送来《不一样的卡梅拉》，书廷妈妈送来了《蝴蝶·豌豆花》，泉博妈妈送来了《小猪唏哩呼噜》……家长们最关心的事情就是孩子们最近在读什么书。

英睿妈妈在随笔中写道："已经记不起认真地沉下心来读一本书是什么时候了。这次暑假，我和睿睿一起阅读李毓佩的《数学童话集》，又重新找回了儿时读书的快乐感和满足感。"一诺妈妈这样说："陪孩子一起读书，重新融入学习的氛围，让我重温了孩童时的天真烂漫。与孩子一起讨论书中人物的种种表现，不知不觉中，既了解了孩子的想法，学习了书中主人公待人处事的态度。亲子共读不仅有助于孩子语文能力、认知能力的发展，更重要的是通过和孩子共读、共同讨论，让家人之间的关系更加亲密。"铭阳家长在亲子共读《我要找到朗朗》一书时，深有感触："希望孩子能学到主人公的坚持，不轻易放弃。和孩子共同阅读，一起学习故事中的道理，这真是一件幸福的事情，我们是在共同成长啊！"

童书，引领着家长和孩子们走向美好。

4. 童书，引领孩子感受生命的美好

《不一样的卡梅拉》是一套经典的绘本，文欣妈妈和俊成妈妈在孩子们读《兔子坡》读累了的时候，不失时机地送来了《不一样的卡梅拉》。孩子们幸福地阅读了卡梅拉的故事，做与众不同的自己。

又是一个午后，一诺在大声读："卡梅拉问好朋友皮迪克：'我怎么听到印第安人的鼓声？'皮迪克回答：'是我的心跳得太快了，因为有你在我身边……'同学们，他俩恋爱了！"

"哈哈，哈哈……"教室里的笑声此起彼伏。

"小广和小婷也恋爱了！"调皮鬼小阳冒出一句。

顿时，小婷羞得脸通红，小广也坐端正了，怯怯地看着我。

询问中得知，小婷爱帮助别人，回答问题积极，学习成绩好，我常常表扬她，所以班里好多同学喜欢她，包括小广。

"我最喜欢小婷，是我先与她'恋爱'的？"听陈鸿这么一说，教室里又是一阵笑声。

"老师，你喜欢小婷是因为她表现好，那是老师爱学生，不是恋爱。"梓钧虽不大说话，但总是一语中的。

于是，陈鸿趁势利导：从上学开始，我们会遇上很多朋友，互相关心，互相帮助，这种美好的感情是友谊。每个人都喜欢优秀的孩子，不妨让自己变优秀，赢得更多人的喜爱。等我们考上大学，会遇到特别喜欢的异性，产生像皮迪克一样的情感，那才是恋爱。

看来，孩子们读书时会与故事中的人物对号入座。他们的认识往往具有局限性，教师只有及时引导才能帮助他们形成正确的人生观、价值观。人生不能预演，但阅读让孩子们从他人的思想、情感、探险等经历中获得间接经验，从而打好人生的底色。

孩子们又迫不及待地开始读故事了。他们读书时不再跑跳、打闹，不再和同伴嬉笑，心中只有主人公，和他们一起哭、一起笑。他们不再关心恋爱是什么，而关心的是卡梅拉怎么样了，它又遇到了什么新鲜事，又遇到了哪个好朋友。

这是不是孩子们和书中的故事恋爱了呢？

5. 童书，让她做个幸福的"擦星族"

在跟孩子们讲故事的生活中，陈鸿和孩子们一起经历了喜怒哀乐。好故事给人带来的不仅是美妙的阅读体验，还有对成长的启迪，对人生意义的探寻。换句话说，故事是呵护童心的重要方式。美国艺术家谢尔·希尔弗斯坦说过："总得有人去擦亮星星，它们看起来灰蒙蒙。"陈鸿愿意做一名"擦星族"。

这是一个充满阳光的冬日，陈鸿带领一帮孩子来到陌生的礼堂，一起走进张之路爷爷的《傻鸭子欧巴儿》，一起走进一个有笑有泪的童话世界，一起走进一段唯美的故事。

和孩子们一起读童书已经有一段时间了，都是陈鸿读孩子们听，而后孩子们自己读。这种方式孩子们很喜欢，因为他们愿意偎依在讲桌前，蹭蹭老师的衣角，回报她一副笑脸。她也乐得和孩子们一起与故事中的人物同悲同乐。当孩子们软软的小手、软软的身体接触到陈鸿的时候，一种本能的母性迸发，她常常觉得偎依在身边的不是学生，而是小时候的儿子，陈鸿感觉很幸福。

接到教研室的任务——为潍坊市语文主题学习现场会提供公开课，展示如何向学生推荐经典图书，陈鸿很忐忑，不知道平日里就这样给孩子们读书讲故事算不算是推荐书？这样随意的方式能不能登上大雅之堂？但她可以肯定的是，孩子们很喜欢这样的方式。

接受任务后，陈鸿开始寻找孩子们喜欢的图书——刚刚他们一起读过《不一样的卡梅拉》系列丛书，孩子们好喜欢与众不同的卡梅拉，大小卡梅拉们执着地追求那些种群中认为不可想象的事情，去看大海、摘星星、追回逃逸的太阳、拯救小伙伴贝里奥……一路上处处坎坷、历经艰难，但总是逢凶化吉，最后还能收获超乎想象的回报和异乎寻常的果实。孩子们被卡梅拉们精彩的生活深深地吸引，乐此不疲地一遍又一遍地阅读着，幸福着。看到孩子们的阅读热情，她决定从动物童话入手。看了几本这种题材的书籍，陈鸿发现张之路的《傻鸭子欧巴儿》中的欧巴儿不单单因为他有独特的经历而与众不同，更多的是因为他拥有善良、友好、乐于助人、勤奋等优秀品质。陈鸿觉得让孩子们在妙趣横生的故事中得到思想的启迪也是阅读的重要功能，所以决定推荐这本书。

她细读文本，精心绘制插图，一遍又一遍地与欧巴儿对话，讲故事仍是推荐的主要方式。走上讲台，随着陈老师的讲述，一幅幅色彩绚丽的图画，领孩子们进入"翠湖养鸭场"，紧接着是一段故事录音——《鸭子的觉醒》，傻鸭子闪亮登场，孩子们开始猜测鸭子的命运：这样一只傻鸭子被重重地摔到地上后会有怎样的命运呢？故事录音把傻鸭子与肥猪的对话惟妙惟肖地展现出来。吃过洗衣粉的鸭子的命运在孩子们猜测后，由陈鸿讲给孩子们听，意想不到的故事情节把孩子们深深吸引住，只见一张张小脸痴痴地盯着她，期待着故事的进展。

故事到这里戛然而止，接下来设计了张之路爷爷给大家赠故事的环节，赠送的故事由爱读书的孩子们自己读。这时候，孩子们已经被吊足了胃口，他们如饥似渴地读着，笑着……

接下来让孩子们当作家编故事，他们的小手举得高高的，仿佛自己真成了作家，想象的翅膀带他们飞得很远很远……

这节课前的忐忑一扫而光，单单看一看孩子们兴奋的小脸，下课后不愿离开座位，叽叽喳喳地讨论着这只傻鸭子的未来，就知道孩子们喜欢上了这本书。这样的推荐不就是成功的推荐吗？哪个教师不为能带给孩子们这样一份礼物而感到幸福呢？

儿童阅读不能等待，只有让孩子们从阅读中获得知识和信心，他们才能以饱满的激情和充足的自信去迎接世界，才能拥有一个美好的未来。让我们做"擦星一族"，为孩子们打开一扇童话之窗，透一缕光照进他们的心灵，和孩子们一起感受故事的乐趣、童话的魅力，幸福着他们的幸福，快乐着他们的快乐，相信将来他们会自己找到太阳。

读书，让语文变得如此简单

伴着语文主题学习，潍坊市的语文教师带领孩子们走进了书的海洋；伴着对"轻负担，高质量"的向往，陈鸿和她的学生们用书香打开了通向高效语文的新路子。

陈鸿提出的"师生共读整本书"的行动研究，解决了书籍选择的问题。教师通过课程标准、网络报刊、专家推荐等不同渠道获取信息，向家长推荐优秀书目，保证了阅读书籍的高品位；孩子们所读的每一本书都是同一版本，师生一起讨论书中细节，感受作者脉动，激发了阅读热情；一本本经典图书提高了学生的语文素养，使语文学习真正做到"轻负高质"。

1. 方法指导使得蓓蕾初放

"在阅读一事本身，教师没给一点儿帮助，就等于没有指导。"在叶圣陶心中，阅读指导是很有必要的，在实际教学中，它也是非常需要的。陈鸿指导学生们读整本书，一般要经过几个来回。

快速浏览读。新书一到，学生们先读书名、副标题、目录，然后看封面题图、内页插图、作者序言、摘要介绍以及书后评论等。如果图书还有书衣的话，就看看出版社的宣传文案，也可以从目录中发现自己感兴趣的章节进行浏览，十几分钟往往就可以让学生了解一本书的大致内容。这极大地培养了学生们快速阅读的能力。

畅快淋漓读。这是教室里最安静的时刻，大家迫不及待地读故事，仿佛一棵棵吮吸甘露的树苗。这时陈鸿既不要求他们做笔记，也不用写心得、做批注，因为一口气读完一个故事是一件痛快的事情。全身心投入地读——让自己活在故事的世界里，参与事件的发生，让故事贯穿自己的身心。读《屋顶上的蓝星》时，孩子们边读边哭，有时又笑起来。这时，学生们已经敞开心灵，走进书中。

心灵相通读。一番畅快阅读之后，就要对书的内容做一个回顾。陈鸿有时会提出书中的一些重要话题，让学生们带着话题进行阅读。故事大意、主要情节、重要角色、场景、关键细节、小说主旨等，陈老师引导学生们感受作者的脉动，并做出自己的评价。这个环节，学生们通过批注、读书交流卡的形式将读书成果、体验传达给陈鸿。陈鸿在整理读书信息的基础上，认真设计读书交流会的流程。

展示交流读。针对学生们在个性阅读中独特的感悟设计班级读书交流会，让学生们对自己感兴趣的话题及有关章节进行交流，共同提高。这时的孩子们才是真正走进书中，走出书去。

在实践中，陈老师摸索出了五种基本课型：推荐读物课、阅读方法指导课、个性阅读课、展示交流课、阅读欣赏课。五种课型有效提高了学生们对整本书的把握，教给了学生们阅读的方法，提高了他们的阅读能力，收到了"师父领得巧，学生读得好"的效果。

陈鸿清楚地记得她和孩子们阅读第一本爱心书籍《柳林风声》时那难忘而美好的时光。

发书时，陈鸿逐步引导学生们读整本书：怎样从题目入手，猜测书的内容，引发好奇；怎样读前言、知作者，把一本书读薄；怎样做批注，理解人物的内心世界，与文中人物产生共鸣；怎样联系自己的生活实际，体会人物的思想感情，把一本书读厚等。不知不觉，下课铃已响，同学们仍意犹未尽，教室里不再是跑跳打闹地乱作一团，孩子们都在如饥似渴地阅读着《柳林风声》。每天课间，他们或安静地看书，或悄悄地议论——鼹鼠的好奇，河鼠的热情，蟾蜍的自以为是。孩子们看着，笑着，有时因为蟾蜍的可笑举动而忙着去跟同学分享。陈鸿和孩子们一起读，一起笑。

一次语文课上，陈鸿随手翻看学生桌上的《柳林风声》，她震惊了：每一页上都有密密的批注，或从文字的优美方面，或从情感的共鸣方面，或从自己的生活方面，虽然文笔稚嫩而浅显，但情感是真实的。她没有想到，平日里要求孩子们养成不动笔墨不读书的习惯，现在孩子们竟将养成的习惯运用到了课外阅读上。孩子们在这样的阅读中一定有更大的收获。

周五，第一节课刚下，陈鸿就到教室布置黑板，隆重准备主题阅读课，孩子们热情地涌上来帮忙，把黑板装扮得生动华丽。

课上，同学们手拿读书交流卡，津津有味地讨论着。发言最积极的白龙雨的独到见解引得同学们好一阵佩服，张雪宁的见解很有新意，魏祎走上讲台开口，刘宜玮与大家分享自己的收获，石瑶声情并茂地朗诵精彩片段，侯浩然也登上了讲台……

两节课下来，同学们对书中家的温馨、友谊的弥足珍贵、小朋友之间的团结友爱都有了深刻体会。因为是第一次正式的主题读书会，学生们的讨论多偏重书的内容方面，深层次的东西还少一些，但这不重要，重要的是喜欢读书的孩子越来越多，讨论书的孩子也越来越多。孩子们能喜欢上读书，就是最大的收获。陈鸿坚定了带领孩子们走共读经典之路的决心。

2. 激励督促催开幸福之花

陈鸿经常对整本书的阅读进行检查、督促、交流、评价，及时发现好的典型，组织交流，扩大影响，尤其是定期评选的"读书之星""书香家庭"，起到了很好的示范带头作用。她设计了阅读存折，跟进学生们的阅读过程并评价。

（1）读书习惯评价。家长在作业中签每天读书半小时的证明条奖励1个点数，以此激励孩子保证阅读时间；孩子每读完一本书，家长签证明后，教师从书中提出三个问题，答对两个以上者，在阅读存折上记5个点数。

（2）书目选择评价。读超过150页的科普读物，在原来奖励的基础上加两个点数。读"快餐式"读物，只得基础奖励两个点数，以此鼓励学生们阅读经典书籍。

（3）阅读与运用评价。学生读完一本书，并写一篇超过400字的读后感，奖励5个点数。读后感当范文在班级内交流的加3个点数，积极参加学校组织的作文大赛的加5个点数，习作在学校以上的大赛中获奖的加10个点数。

（4）影响力评价。能带动家长、同学读书，家长、同学有感言并形成材料的加5个点数；积分满30个点数及以上者被评为本学期的"读书小能手"或"书香家庭"。

（5）背诵经典评价。积极进行经典诵读，每背诵一首古诗（词）加1个点数。

（6）终结性评价。评价由低到高分为学士小读者、硕士小读者、博士小读者，各两级，共六个等次。满200点数者晋升一个等级，换领新存折续存；达到二级博士小读者的同学，可以到学校阅览室自由借阅图书。

这样的激励性评价措施既稳定又灵活，由师生共同制订，有时也根据学生阅读的实际情况进行调整。学生自己制订，自我遵守，因此参与阅读的主动性大大增强。

有人曾说过："花儿遇到了春天，没有不开放的道理。"孩子们有共读的书，有共读的时间，有科学的方法指导，有交流的场合，有激动人心的激励措施。在这样的氛围中想不读书都难。书香之花就这样慢慢绽放了。

3. 我爱《语文主题学习丛书》

陈鸿一直鼓励孩子们读书，从他们的习作中我们可以感受到浓浓的书香。

本学期，陈老师带领我们阅读了《语文主题学习丛书》。一本本书籍让我打开了一座座巨大的文学宝库。它为我的语文学习打开了一扇窗户，使我从中受益匪浅，也使语文学习更加轻松愉快，更加精彩。

翻开《百味老师》，我感受到老师们虽然性格和教学方式各不相同，在我们犯错误的时候会严厉地批评我们，但老师对我们的爱是相同的，都像春风一般和煦，清泉一般甘甜，他们都孜孜不倦，把我们当自己的孩子。老师是辛勤的园丁，为我们这一朵朵祖国的花朵日夜操劳，累白了头发。"捧着一颗心来，不带半根草去。"是啊，这就是老师诲人不倦、无私奉献的真实写照。这种无私、伟大的爱给了我们温暖和力量，让我们努力到达理想的彼岸。所以我们要以优异的成绩报答无私、伟大的老师！

浏览《走进西部》，我欣赏了祖国的风景画卷，其中的一山一木，一湖一溪，都令我赏心悦目，我为祖国山河的壮丽神奇、江山如此多娇而赞叹不已。瞧，拉萨的云如此美妙，仿佛触手可及；喜马拉雅山的高度世界第一，皑皑白雪化成的清泉叮叮咚咚；四川乐山大佛是中国最大的一尊摩崖石刻造像，它将气势、威武、庄重合为一体；西藏的酥油茶充满着浓郁的民族风味，美味可口；新疆的手抓饭营养价值高，油亮生辉；在神奇美丽的九寨沟，可爱的小动物们也不甘示弱：就在不远处，一只体态粗壮的金丝猴正攀吊在一棵大树上，眨巴着一对机灵的小眼睛向你窥视。也许，还会有一群善于奔跑的羚羊突然窜出来，没等你看清它们，又消失在前方的丛林中。也许，你的运气好，会在远处密密的树丛中发现一只憨态可掬的大熊猫，正若无其事地坐在那里咀嚼鲜嫩的竹叶。也许，你还会看见一只行动敏捷的小熊猫，从山坡跑下谷底，对着湖面美滋滋地照镜子……面对这一幅幅美丽的画面，我不禁陶醉其中。

小时候，"梦想"一词就深深扎根于心底，深深地影响我儿时稚嫩的心灵，幻想长大后的某一天，会像老爸那样伟大。在成长的过程中，我经历了无数选择与放弃。俗话说得好："失败是成功之母。"在失败中成长使我懂得了成功的可贵，在得与失的成长中懂得了梦想才是成功的指向标。赏析着《超越梦想》，我了解到人类从飞天梦到真正登上月球的过程；了解到无性繁殖——克隆与克隆羊"多利"的重大意义；了解到科学家们是怎样踏上成功之路的……

遨游《真爱无声》，让我们知道父母的爱是无私的，是神圣的，是不可衡量的。父母的爱是不求报答的，我们只要多为父母做一些小事，如为父母洗一次脚，为父母倒一杯茶，为父母拿一次拖鞋，为父母做一次家务等，这些都是举手之劳，可我们为什么不去做呢？当我们想起生活中的点点滴滴，就会发现我们周围环绕着多少关爱，在这世界上有多少人需要我们感激。感激生育你的人，因为他们使你体验生命；感激抚养你的人，因为他们使你不断成长；感激帮助你的人，因为他们使你渡过难关；感激关怀你的人，因为他们给你温暖；感激鼓励你的人，因为他们给你力量；感激教育你的人，因为他们开化你的蒙昧……让我们怀着一颗感恩的心，大声歌唱："感恩的心，感谢有你，伴我一生，让我有勇气做我自己；感恩的心，感谢命运，花开花落，我一样会珍惜……"

"书犹药也，善读之可以医愚。"同学们，让我们读书吧，让我们品味读书的乐趣，在知识的海洋里遨游吧！

——2006级学生　曾幼萌

2011. 11

学习，源于兴趣

问题不在于教他各种学问，而在于培养他爱好学问的兴趣，而且在这种兴趣充分增长起来的时候，教他以研究学问的方法。

——卢梭

让孩子快乐的秘诀是让他的兴趣尽量地扩大，陈鸿老师的语文教学总是别出心裁、妙趣横生。

1. 我的名字真有趣

又到了中午给孩子们讲故事的时间。陈鸿拿起刚读过的《青蛙弗洛格的故事》之一《找到一个好朋友》，心里想着孩子们随着故事或惊喜或难过的表情，情不自禁地笑了——多么可爱的孩子们，多纯真的童心，好听的故事就是他们的最爱。陈老师的脚步顿时轻快了许多。

踏进教室，一个男孩——闵祥钊向她走来。这个男孩总是有很多好玩的事情告诉她，什么昨天读过的故事，什么小姨过生日，什么爸爸出差等。她都会耐心地听完，而后摸摸他的小脸蛋，会意地笑笑，他就会满意地回到座位上，接下来的故事他听得格外认真。多好的孩子！

"老师，我有一个有趣的发现！"那语气，简直像发现了新大陆。

"说说看，你的大发现。"陈老师也随之故弄玄虚。

"我的名字里有两个偏旁！"他一脸得意。

"什么？名字里有两个偏旁？"她有点儿没听明白。

"今天您教我们认识了金字旁，前些天教我们认识了立刀旁，你瞧，我的名字中的'钊'字既有金字旁，又有立刀旁。"兴奋溢于言表。

"哦，真是的。我居然没有发现，你太厉害了！简直就像孙悟空一样有一双火眼金睛。"陈鸿的夸奖让孩子乐开了花。

看到孩子那骄傲的高高昂起的头，她也好开心。忽然有一个想法：今天的故事先不讲，能不能让孩子站到讲台上讲讲自己的发现？陈老师和闵祥钊商量时，他居然不答应。他说自己不行，不好意思站到讲台上。是啊，孩子只有六岁，这将可能是他第一次站到讲台上。陈老师鼓励他，说大伙儿都想听听他的大发现。终于，他怯生生地开了口，几句话后，那种骄傲就又出现了。

"老师，我也想说！"

"老师！我的名字也很有意思！"

教室里孩子们都迫不及待地想与大伙儿分享自己名字的特点，陈老师索性收起故事书，把时间交给孩子们，让他们交流自己名字的特点，孩子们在兴奋的讨论交流中认识了新朋友，认识了好多生字，他们好兴奋。

哦，原来名字也很好玩。

2. 这些游戏真有意思

<h2 style="text-align:center">录音游戏</h2>

暑假开学后，班上的刘宜玮神神秘秘地告诉陈老师，教师节那天她会发一份礼物到陈老师的邮箱。果然，9月10日陈老师收到一封邮件，是十段音频文件，打开后才知道，原来是孩子在暑假里想念学校生活，想念老师同学，把在家里生活的点点滴滴录成音频资料，取名"天天想你"，就像每天跟老师说话一样。

陈老师静静地听，感觉就像沐浴在春天里的阳光那样温暖、幸福。

"老师，今天给你讲一讲我那粗心的小表弟吧。六岁的他去超市买来一袋话梅，居然高举着说：'姐姐，我请你吃活梅。'哦，'活梅'，我还是第一次听说这种食品，饶有兴趣地放下手中的书，跑过去看，原来他拿着的就是一袋话梅，他把'话'认成'活'了，是不是一个粗心的小孩？"

"老师，我看电视上说，有一些制作米线的不法厂家为了提高效益，竟然在米线里掺杂塑料。吃了这样的米线，轻者会闹肚子，严重的会有生命危险。这些厂家为了利益居然不顾人们的健康，太可恶了。老师，以后可要少吃米线呀！"

"老师，我家狗狗生宝宝了……"

"老师，我家后山上有一种特别好看的蓝色小花……"

多么温馨的节日礼物！字字流露真情，句句饱含思念。感动之余，陈老师发现这是一种很好的交流方式。在信息技术发达的今天，用这样的方式记录自己的生活，孩子们不是更喜欢吗？于是请刘宜玮做介绍，号召大家用自己喜欢的方式记录生活中的发现。

孩子们居然把这种方式发扬开来：学习过《烟台的海》，小组合作用录音的方式做导游；读过一本好书，在家里录好一段推荐语到学校电子屏上播放；同学过生日，录好祝福语后赠送给同学……录音游戏丰富了孩子们的生活，实践活动使孩子们快快乐乐学语文。

3. 旅游中的PPT比赛

陈鸿喜欢旅游，儿子和班级中的学生差不多大，每到寒暑假她总会约上几个学生和儿子一起出去看看。途中，陈鸿要求孩子们用相机记录美的瞬间，回家或途中休息时，她就和孩子们进行PPT制作比赛。

途中的游戏、窗外的风景、景点的人物都成为孩子们关注的焦点。要想使自己的PPT获胜，就需要有独特的视角，孩子们观察着、捕捉着、记录着。孩子们在作品中不仅要比拍照片的艺术，还要比配文的精彩，一般回家一周后再聚就要展示作品。这一周时间，孩子们忙着查找资料、制作作品，那股兴奋努力劲儿，比写游记大得多。

"因为汽车晚点，我们在建行门口等了一个多小时，但我们因结识了新朋友而兴奋得不得了，大家在一起打扑克，一点儿也不觉得无聊。我们显得比大人还有耐心。"这是几个孩子蹲在地上打扑克的照片配文。PPT比赛中，孩子们学会记录独特的感受。

大连海边，陈鸿和孩子们捡贝壳、鹅卵石，孩子们给照片的配文："我们在海边捡石子，总对一些有棱有角、奇形怪状的石子爱不释手，而大人为什么喜欢圆圆的、光滑的石子呢？这是不是意味着我们的审美观不同？"孩子们有自己的思考。

孩子们在旅顺口狭小的入海口前留影，旁边的配文是艺术字体"一夫当关，万夫莫开"。好不威风！

这样的经历将成为孩子一生的财富。

蓦然回首，幸福就在身边

十多年来，陈鸿和她的孩子们沐浴在书香中，徜徉在快乐里。学生是孩子，老师是妈妈，书香乐苑就是一个大家庭，孩子们的幸福成就了陈老师的幸福。

1. 生活就是教育

孩子们进入高年级，自理、观察能力有了很大提高。陈老师把自己童年中最感兴趣的事情搬到了教室，孩子们的生活立刻充实起来。生豆芽、种冬瓜、养乌龟、养蚕、喂小鸟……孩子们照料它们、关心它们，与这些动物、植物成了好朋友，生活因为它们而精彩。

下面摘录孩子们的日记两则：

我们的蚕宝宝之八——排粪便

5月25日　星期三

终于，终于，我终于知道蚕宝宝排粪便的秘密啦！看，奇迹（我给蚕宝宝取的名字）就是一个典型的例子。只见它的身体在不停地运动着，大概在消化食物吧。身体原本是上半部分粗壮，现在把"肌肉"分给了下半部分一些，下半部分也变得粗了些。奇迹准备了一下，把臀部慢慢向上翘起，接着，下半部分的身子也随着臀部向上弯曲。当翘到一定程度时，便扭了扭身子，一颗黑黑的粪便渐渐从屁股里露出来，露出粪便的四分之三时，已完全可以脱离身体了，奇迹便把臀部猛地一抖，粪便就像一枚子弹一样射了出去。臀部简直就是发射器！粪便落地时，我仔细观察了一下：比小米粒稍大，周围却凹凸不平；远望比乌鸦的羽毛还黑，中间却夹杂着一些桑叶的残渣。排泄完后，奇迹便很优雅地把身体慢慢放下，走到桑叶旁，继续品尝美食……

瓜果日记之一——美丽的花瓣

6月16日　星期四

瞧瞧瞧，窗台上的冬瓜，在阳光的映照下是如此充满生机。那大约5毫米粗的茎上长满了白色的小刺，小刺顶部闪闪发光，仿佛非常锋利。其实，用手轻轻一碰，小刺就弱不禁风地弯下了腰，低头向你求饶，这就是它温柔的一面吧！从下往上数，一共有三朵花。看看最下面的一朵花吧，它已由金黄色变成了棕褐色，花瓣蜷缩在一起，像初冬挂在树梢上的叶子，又像一位羞答答的少女低着头。它的水分已经蒸发掉了，马上就要落叶归根。第二朵花大概也到了老年期，花瓣垂了下来，脸上也有不少皱纹。一抬头，第三朵花就映入我的眼帘。这朵花开得正旺，金黄色的花瓣在阳光下更加灿烂、美丽。5片细长的花瓣呈椭圆形，用手摸一摸，嗯，毛茸茸的，舒服极了！仔细看看，花瓣似乎有点儿透明，底部是金绿色的，让人感到靓丽、多彩。

——2006级学生　曾幼萌

2012.6

陈鸿与孩子们在操场上的游戏也成为他们幸福的记忆。

那天，陈老师带来了三个呼啦圈。我们班的同学高兴极了，围着陈老师欢呼跳跃。陈老师做了个安静的手势，我们迅速站好队，其他班的同学都用美慕的眼光看着我们。我们呢，用自豪得意的表情作为答复。这时，陈老师宣布了比赛规则："呼啦王"争夺赛每组三个人，一共有三组，计时一分钟，转的圈数最多的人进入决赛，决赛再评出"呼啦王"。"第一组，谁报名？""我！"我自告奋勇地上前。紧接着，又有两位男生报名了。我想：两位男生，你们是我的对手吗？在这组比赛中，我以139圈的绝对优势打败了他们。

三个小组的分赛结束了，紧接着就是紧张的决赛。"下面请139圈的钟雨晴、115圈的王杰栋、127圈的刘宜玮进行决赛。"咦？居然没有比我高的分数，但我也不能太轻敌了，我要在决赛中再次打败他们。

紧张的决赛开始了。我拼尽吃奶的力气去转，不一会儿就没有了力气，但为了"呼啦王"这个称号，我闭上眼睛，拼命地转，转，转……终于等到了陈老师喊停的那一刻。我气喘吁吁，全身没有了半点力气，站在那里只剩下大口喘气。突然，一个好消息传来，"钟雨晴转了159圈、刘宜玮125圈、王杰栋125圈，第一届'呼啦王'是钟雨晴！"伴随着女生的欢呼声，她们向我拥来，几个女生还高高地举起了我的手。我高兴极了，可我也走不动了。

——2006级学生　钟雨晴

2010.5

现在的孩子所处的环境基本是家和学校两点一线，少了我们那个年代的挖野菜、种庄稼、晚放学后的游戏，但陈老师把生活的精彩带给了孩子们，孩子们的童年因此而幸福快乐，陈老师的教育生活因此而幸福快乐。

2. 这也是成长

"看庭前花开花落，望天空云卷云舒。"在孩子们的成长过程中，我们往往关注那些活泼开朗、一天天能看到变化的孩子。当一个孩子在数次教育却没有变化之后，老师容易失去信心，容易放弃他们。其实，这些孩子的成长意义更为重大。

宇，是一个特殊的孩子。我任教一年级时，他已经是第三次坐在一年级的教室里。家长说："家里生意忙，你们学校是寄宿制学校，我们不祈求孩子学多少知识，为不让他在大街上乱跑，就让他在这里坐着吧。"就这样，说话结结巴巴，拿笔哆哆嗦嗦的宇坐在了陈老师的教室里。他一节课能写三五个字，每个字都像"板桥体"，后来索性不写了。作为母亲的陈老师每次看到这个孩子时心中总是隐隐作痛：现在有父母、学校老师的照顾，将来他可怎么生活呀？

宇虽然不会写字，但是思维基本可以跟上，每次上课陈老师总是有意给他机会，最简单的问题留给他，最热烈的掌声送给他。陈老师教他收拾书包，教他打扫教室，教他到总务处领笤帚和垃圾袋，教他叠被子、洗衣服。他虽然不会写字，但愿意做这些事，每天都会到办公室请示陈老师一些事情，陈老师总是耐心解答。渐渐地，同学们感觉到了陈老师这份特别的爱，也会自觉地给宇一些善意的帮助，宇每天乐呵呵地在教室里穿梭。

后来在与家长共建的"爱心读书俱乐部"里，陈老师一有空就给宇读上一段，然后把书给他。他上课不写字、不做题，把所有时间都用来读书，别人读一遍的书他已经读过好几遍。在主题读书交流会上，他总是把手举得高高的，在知识抢答环节，他尤其活跃，同学们都为他鼓掌。在共读经典的路上，宇找到了自信，在一本本书籍中，宇明白了生活的艰辛，知道了善良与诚实，懂得了奉献的价值。

有时，宇会拿来一个苹果给陈老师；有时，宇会到办公室给陈老师捶捶背；有时，宇会到卫生区煞有介事地检查同学们打扫得干净不干净。每天，宇总是最后一个离开教室把门窗关好……有一天，宇的裤子裂开一道缝，陈老师用针线给他缝补，他坐在旁边和陈老师聊天。"老师，你对我这么好，将来我盖楼房娶媳妇，留出一间最好的房子给你住。行不行？"那副一本正经的样子让陈老师好感动。今年夏天，宇小学毕业后到一所初中就读。教师节那天，家长不顾离陈老师家三十多里路的遥远带他到陈老师家中看望老师。宇说，他在初中负责管理班级里住宿同学的纪律，老师很信任他，他会永远记得陈老师，陈老师像妈妈。那天，已毕业的学生们给陈老师打电话、发短信祝贺节日快乐，但宇的到来最让陈老师兴奋。

3. 两个作文本的故事

如何让孩子喜欢上写作，可能是很多老师头痛的问题。陈鸿改变传统的作文评改形式，采用了"五步评价法"，运用两个作文本，把修改作文的主动权交给学生。第一个作文本让学生自己评，吸引家长参与作文评改，让大家共同评议；第二个作文本由学生认真誊抄，教师欣赏鼓励。陈老师在读完学生的草稿后进行讲评，尤其是对每个孩子的点滴进步大加鼓励，把每个孩子习作中精妙的词句制成幻灯片读给大家听。对孩子们习作中迸发灵感的鼓励，唤醒了孩子们的创作热情。

记得赵雨晴在二年级的一篇日记《逛超市》中写了这样一句话："今天，我和妈妈去超市买东西。啊，超市真热闹，就像一片海洋在动。"当时陈老师很迷惑，"像一片海洋在动"，这是个什么样的比喻呢？恰当吗？是否该给她纠正。后来陈老师决定大加赞扬，尤其对这句不知所以的比喻句。也许这片动着的海洋是孩子当时对人潮涌动最直观的感觉。保留她的这种感觉，呵护她用文字反映自己感受的这种能力，远比大人眼中一个对与错的比喻句重要得多。

在这种小心翼翼地呵护中，孩子们放飞思绪，爱上了习作课。打开学生的作文本，作文不再千篇一律。走进作文课堂，学生的双眉不再紧锁，作文从乏味的劳作变成了快乐的创造。陈老师与孩子们一起收获着创作的幸福与快乐。

王国宁在日记中写道："我越来越爱上习作课了。每次作文都能快速、轻松地写完，而且常常得到老师的表扬、同学们的赞赏，自信心和自豪感与日俱增，内心的喜悦是不言而喻的。每一次作文，对我来说，都成了一次快乐的体验。每写完一篇文章，我心里总是乐滋滋的，感觉自己做了一件有意义的事。"

"喜欢文字的女孩儿，注定是乐观的，阳光的。"这是《玮的文字》中妈妈为女儿第一本习作集写的序中的话。玮喜欢写作，到小学毕业，她做了四本习作集，收录了从小学二年级的信手练笔到六年级的所有成功习作近百篇。

4. 颠覆的课堂

2012年2月15日，第一节是语文课。开学后，学生们课堂听讲效果不错，预习已经成为习惯，质量也不错，晚上布置大家预习《三亚落日》一课。这篇文章用很美的文字描写很美的景色，是一篇重点课文。陈老师精心备课，查找了很多资料，准备好好讲讲这节课。

上课后，学生照例读课文、默生字，教师掌握学生的预习状况。三个同学上台默写生字，全部过关，接下来交流预习体会。

第一个站起来发言的是白龙雨，他上学期进步明显，学习上常常有自己独到的见解。"我非常喜欢《三亚落日》，以前读过很多文人墨客描写的落日，但他们大多把落日描写得很伤感，比如元代马致远的《天净沙·秋思》中写道'枯藤老树昏鸦，小桥流水人家，古道西风瘦马。夕阳西下，断肠人在天涯。'表达出的画面是夕阳即将落下地平线，远方一匹瘦马上的行人在孤独地赶路，但路途遥遥，不知所向。那种凄冷悲凉的情感跃然纸上。唐朝刘长卿的《秋日登吴公台上寺远眺》中的'夕阳依旧垒，寒磬满空林'，以夕阳衬旧垒，寒磬衬空林，表现出旧日辉煌的场所如今十分凄凉。宋朝范仲淹《苏幕遮》中的'碧云天，黄叶地，秋色连波，波上寒烟翠。山映斜阳天接水，芳草无情，更在斜阳外。黯乡魂，追旅思，夜夜除非，好梦留人睡。明月楼高休独倚，酒入愁肠，化作相思泪。'，写夕阳下的相思愁苦凄凄连绵，让人沉重、无奈。本文作者反其道而行之，将夕阳比作'调皮的孩子'，在海面上跳跃着，让我觉得非常绝妙，我更喜欢有如此生命力的落日。可能作者更能体会孩子玩耍了一天后红扑扑的脸蛋与不愿回家的心情，多么贴切！"他的回答赢得阵阵掌声。六年级的他特别喜欢古典文学，旁征博引往往让同学们佩服得五体投地。

刘宜玮迫不及待地发言："我更喜欢落日，像个孩童，因为这个孩童懂得与人分享，如果单单是一个不愿回家的孩子，不会那么讨人喜欢。她的可爱在于，天和海都被它的笑颜感染了，金红一色，热烈一片。那么富有感染力的孩子把自己的快乐与海和天分享，大家才那么喜欢他，不舍得他离开。"本来刘宜玮就是我们班里最可爱的女孩，那么宽容，那么友好，总喜欢与人分享她的快乐，读书时她也有自己的价值观，能读出自己的精神世界，这才是读自己的书。

看到林立的小手，陈鸿决定不再啰唆，决定给他们机会——谈自己的感受：跳水员一样的落日技艺真高超，没有溅起一点儿水花，自己可做不到；大红灯笼般的火球在海面上就像跳蹦蹦床，那张床一定特别舒适，我都想试一试……这节课真的不用老师再说什么，学生读出了自己的落日，优美的语言征服了孩子，他们争相背诵自己喜欢的语句，产生了热闹而不失竞争的激烈氛围，没想到孩子们对写景类文章有这样深刻的共鸣。

孩子们的发言颠覆了原有的备课，同时颠覆的还有传统的教学方式。让学生成为课堂的主人，静静地等待，陈鸿老师听到了花开的声音。

5. 播下爱的种子

孩子们带给陈鸿暖暖的情谊，满满的感动，家长也诉说着孩子稚嫩的童心带给他们的感受，他们就这样传递着美好。这是智慧的母亲文欣妈妈记录的温暖瞬间：

"妈妈，我买了两盆花！"几个家长正在谈论今天孩子们卖葡萄的收获，刚刚卖完葡萄的孩子们每人分到了10元钱，听到身后传来女儿弱弱的声音，我立刻回头望去。文欣正一只手托着一盆白色茉莉花向我走来，我们四目相对的时候，隐约可以看出她眼中有一丝不安。

虽然是下午六点多钟，太阳还挂得很高，天气炎热，刚刚做了两个小时的葡萄推销员，汗水还是顺着女儿瘦瘦的脸颊不断地流下来。我赶紧拿出纸巾一边给她擦汗，一边看着女儿手中托着的两盆含苞待放的茉莉花。

钱在手里还没放热乎，转眼就花了，女儿自己也觉得不合适。不等我问，她就沉不住气了，"我把刚才郭老师奖励的卖葡萄的10块钱买了这两盆花！正好五块一盆。妈妈，那边也有其他品种，你过来看看。"我跟着女儿三两步就走到了菜市场西头的路边。

一个老式的脚蹬三轮车歪斜着停在路旁，一个衣着破旧的老爷爷弓着腰蹲坐在旁边。我注意到卖花的老人有病，不能控制自己的表情和动作，话都说不出来，地上扔着个粉笔头儿。车子里外挂满了泥土，看上去很久没有刷洗过，车上零星地放着几盆花，也是茉莉，地上摆着七八盆盆栽，有文竹和绿萝，都是些便宜的绿植，最普通的薄花盆盛着，土培得很不平，像这样的简陋盆栽，品种又常见，看上去并不好卖。我让文欣再买一盆文竹，老人看了看孩子，指着一盆品相最好的，用颤抖的手用力地拿着粉笔在地上写了两个字：文竹。看到女儿拿过文竹，脸上有满足、有快乐，我的心里也暖暖的。回家的路上，我告诉她："那个老爷爷年龄大了，身体也不好，大家都去买他的花，他就可以早点儿卖完回家。尽自己的能力帮助弱者，做一个善良有爱心的孩子，妈妈支持你！"

记得女儿很小的时候，每逢带她到人来人往的大街上，路过一些流浪的残疾人、老人身边，即使是骑着电动车，我也会停下车，给女儿一点儿零钱让她送过去。起初孩子会用稚嫩的语气问我为什么会有这么可怜的人，在孩子们的世界里，自己丰衣足食，身边有很多人疼爱着、陪伴着，一切都应该是幸福的。在他们的心中，这个世界上不会有这样可怜的人。

女儿长大一些，看待事情有了自己的见解和看法，偶尔见到这些需要帮助的人，她便会主动把自己的零用钱送到他们手里，一次、两次……有一次女儿带着疑惑的表情问我："妈妈，我这样做，就会成为对国家对社会有用的人吗？"我反过来问她："当需要帮助的人因得到你的帮助而感谢你的时候，你是不是很快乐，心里有种莫名的自豪感？"得到的回答同样是肯定的。

我们身为父母肩负着孩子的教育大任，我们的思想不断地影响着他们的成长，我们希望孩子长大后都能成为一个成功的人，然而我们更希望他们的内心能得到快乐。一个人要有爱心，要有一颗善良的心，快乐就会始终围绕着你。在别人需要帮助的时候你总是能够伸出援助之手，岂不知这已经推动自己向成功迈进了一步，自己内心获得的是一种价值感和幸福感，当你需要帮助的时候，同样也会得到别人的帮助，这样爱心才会永远传递下去！

我和女儿彼此在心里做了一个约定：要一直坚持做一个善良有爱心的人，帮助别人，快乐自己！

——张文欣妈妈　关丽君

2017.8

6. 守望是一种幸福

又到寒假，一群孩子叽叽喳喳地拥进客厅，一个个拥抱问候后，他们便各自聊着每个人的精彩，兴奋地拉拉这个，望望那个，激动地争抢着发言，俨然已经忘却了他们来看望陈鸿老师的初衷。陈鸿也乐得这样：由着他们各自谈笑，她只管为他们准备好可口的午饭就好。

在厨房里，客厅中的谈话陈鸿听得清楚：你们学校怎么上课，作业多不多，考试题目难不难，最近看什么书，考试成绩怎样，学霸的经验是什么……每年两次长假，上初中的、读大学的、参加工作的，不同年龄段的学生们常常来家里聚会。尽管来的只有部分学生，但是他们常常带来几乎所有同学的消息，从他们的嘴里，陈鸿知道了原先教过的同学的近况，她把这样的聚会当成是守望，守望孩子们的成长，这便是教师最幸福的时光。

"陈老师，过来当评委！"客厅中的喊声打断了陈鸿的思绪——初二的一群孩子每次来都要背诵全班同学的学号，吃饭时惩罚背不过的同学站着吃。两年过去了，至今还没有一个人被罚。"1号石瑶！""2号苏启龙！""3号孙金龙！"……瞧，这次他们想出新办法，开火车背诵，每人一个号，避免滥竽充数。随着他们的背诵，陈鸿的眼前出现的是每个学生的笑脸，带他们的日子仿佛就在昨天，而今天他们已经长成了挺拔的少年。

"老师，过了年能不能带我们到学校看看？"机灵的张铭钰提议，"好啊！"雨晴连忙附和。怎么不行呢？这是孩子们对学校怀有美好的情感，才愿意走进学校。"好啊，到时候我给你们找个金牌导游。"是啊，为什么不把他们介绍给现在的学生呢？陈鸿决定试一试。

正月十三，他们相约走进校园。二年级的学生代表和初中、高中、大学的孩子手拉手走在校园中，解说队的老队员拉着小队员介绍解说经验，小队员给哥哥姐姐介绍学校的新变化。他们走进原来的教室，雀跃着奔向书架，在这里他们寻找到自己当年读过的书籍，找到写着自己名字的课外书，把自己做的批注拿给弟弟妹妹看，那份满足与幸福是其他事情无法给予的。同学们深情地抚摸着黑板，找到自己当年的位子坐下，请陈鸿给他们讲课。陈鸿也仿佛回到以前，顿觉年轻了不少。

时间已到中午，陈鸿催促他们去吃饭，一个个不愿意离开，多愁善感的女孩居然眼里噙着泪水，还是活泼的宜玮打破沉寂："这就是我们的家，每次放假我们都可以来，都干什么呢？走吧！"孩子们终于有说有笑地离开了。

天下没有不散的筵席！中午用过餐，陈鸿与他们一一拥抱后，孩子们离开。准备进入新的学期，接受新的挑战，陈鸿也即将开始新学期的教学，用饱满的热情迎接稚嫩的孩童。她期待下一次聚会，孩子们带给陈鸿他们成长的消息。

做老师很苦很累，但没有一种职业会有这种绵长的幸福。年年岁岁，岁岁年年，守望他们的成长便是陈鸿的幸福。

朱永新教授曾经说过："每一个孩子都是一个独特的世界，每天的孩子都不一样，对孩子充满好奇就是对世界充满好奇，教师就能感觉到自己生活在一个非常神奇的世界，生活充满着未知。把每个孩子作为挑战自己的尝试，工作就有了源源不竭的动力。"陈鸿从容淡定，用经典书籍做桥梁，在等待中看到了花朵灿烂开放。当陈鸿收到学生们发给她的北京大学、中国人民大学、复旦大学……一张张大学录取通知书照片的时候，当她收到山东省特级教师荣誉证书的时候，她深深感谢书香乐苑，感谢与孩子们共读的时光。教育的幸福就这样简单：善待每一个孩子，用心呵护每一个孩子，他们的成长成就了教师的幸福人生。

史红艳
诗韵苑，诗香润童心

👤 史红艳简介

史红艳，青州云门书院语文教师。青州市优秀教师，青州市优秀班主任。

史红艳觉得，给每一位孩子播撒一缕明媚的阳光，就会收获一片灿烂的太阳！"八岁背唐诗，八十不会忘""熟读唐诗三百首，不会作诗也会吟"。有这样的理念做引导，史红艳开始了"诗韵苑"特色班级的创建。她用勤劳与智慧为孩子们打开经典诗文的宝库，引领孩子畅游诗海、浸润诗香。

♣ 史红艳心语

学诗可以情飞扬、志高昂、人灵秀。诗之韵，德之远，经典古诗词会影响孩子的一生。诗韵苑，让我与孩子们在诗海中畅游，在积累中成长。我愿做一叶扁舟，竭尽所能承载着一批批学生在经典诗文的海洋中徜徉，虽苦犹乐。做不了大树，我宁愿做一株小草，当春风轻拂，带给大地一片生机！

👨 家长感言

诗之韵　德之远

中国的古诗文流传了千百年，积淀了中国人传统的思想、情感、审美和智慧，学习它可以使我们体悟到中华民族的优秀精神、伦理道德和审美情趣，有助于完善自我，形成健全人格。

小学生正处在记忆的黄金时期，让他们多背诵一些古诗文，不仅能丰富其语言积累，而且能陶冶情趣，锻炼思维、想象、记忆等能力，并养成良好的读书习惯。所以我坚决支持史老师创建特色班级"诗韵苑"。以唐宋诗词为主要内容的古典诗歌，我觉得它值得一个人从小背到老。

孩子年龄小，对所背的诗文不甚理解，但背诵是为了更好地把那些诗句内化为自己的东西，更好地体会诗歌的语言美、意境美、想象美，我相信这些名篇佳作会牢牢刻在孩子们的记忆深处，必将随着岁月的流逝和学生人生阅历的增加而慢慢释放出浓醇的芬芳，滋养学生的心灵，提高学生的人生质量和品位。

我觉得，被古诗滋养的孩子，得到的不仅仅是诗情和文才，实际上也成为被生活和命运多一份垂青的人。在平凡的生活之外，他更有一个美丽的世界。让孩子多背些诗吧！

——张家琪妈妈　王会娟

诗韵苑，诗香润童心

一首古诗，寥寥数十字，短短几句，诗人就会描绘出一种意境，或借景抒情，或借物喻理。在古诗的世界里，忽而气势磅礴、雄浑激荡；忽而柔和细腻、委婉缠绵；忽而萧瑟苍凉、孤独寂寞；忽而忘情阡陌，韵味悠长。严肃与诙谐，生动与质朴，含蓄与明了，委婉与豪爽，直让人几经涅槃，荡气回肠。古诗——中华文学艺术中的一枚奇葩，它博大精深，灿若繁星。千百年来，以其精湛的语言，深邃的意境而脍炙人口、吟唱千古，滋润了无数代中国人。

——题记

当一名教师，是她从小到大的梦想。走上工作岗位后，她以"一切为了孩子，为了孩子的一切"为教育诺言，默默地辛勤耕耘。她把每个孩子都当作自己的儿女，用一份真诚的爱浇灌着祖国的花朵，用一份高度的责任感严格要求自己，她就是史红艳老师。

当一名老师是辛苦的，也是快乐的。当看到孩子们快乐的笑容，当看到孩子们有模有样地背诵古诗，当听到一句句经典古诗词脱口而出，当听到家长说孩子懂事了……每当这些时候，就会感觉所有的辛苦付出都是值得的。"只要学生快乐，我就快乐"，这就是史红艳不懈的追求。

激发兴趣，乐背古诗

"诗韵苑"特色班级是在一年级创建的。创建伊始，史红艳可谓绞尽脑汁。尽管之前已有很多老师积累了教学古诗、背诵古诗的经验，但史红艳认为既然是特色班级，就应该走一条与前人不一样的路。这条路如何走？史红艳查阅资料、请教同事、咨询家长，最终决定先从学生的兴趣入手。

首先，根据年级孩子的特点向学生推荐古诗。一年级上学期，史红艳一共向学生推荐了50首古诗，因为学生认字比较少，所推荐的诗主要以五言绝句为主。为了激发学生背诗的兴趣，史红艳设计版面时，在每首诗的后面都设计了一种水果的图案，背完一首诗就可以把水果图案涂上颜色。这样一来，大大提高了学生背诗的积极性，孩子们都想早背完诗早涂颜色。其次，采用诗配画的方式。一年级的孩子绘画水平低，因此画出的画不够美观，于是史红艳想了一个办法，把诗配画打印出来，让学生涂颜色。这样一来，既节省了时间，又加深了学生对诗的理解。第三，充分发挥黑板报的作用。每周在黑板报上登载一至三首古诗，让学生每天都能与古诗为伴，一抬头就能看到古诗。

多种方法的运用，让一年级的孩子爱上了古诗，让班级里的古诗背诵氛围越来越浓厚。周一的早上，史老师一走进教室，王硕马上走过来，高声说："史老师，春眠不觉晓。"史红艳懵了，不知道什么意思。王硕笑嘻嘻地说："史老师，我们把古诗当成接头暗号了。"原来如此。史红艳赶紧接上："处处闻啼鸟。"此后，孩子们与老师见面，孩子们与家长见面，孩子们之间见面，都得用古诗对暗号，一时间，欢声笑语萦绕在耳边。

一天早上，丛浩兴冲冲地跑进办公室，小脸通红通红的，激动地说："史老师，昨天晚上我办了一件大事。我奶奶跟我妈妈吵架了，爸爸怎么调节也不行，我哭了一阵，突然想起了一首诗：'煮豆燃豆萁，豆在釜中泣。本是同根生，相煎何太急。'我马上把这首诗背出来，没想到奶奶、妈妈、爸爸都笑了，奶奶和妈妈和好了。爸爸摸着我的头说我办了件大事。史老师，古诗太有用了，我得好好背。"办公室的老师们都哈哈大笑起来。古诗背诵已深入孩子们的内心，史红艳初步尝到了一点点甜头儿。

畅游诗海，增知怡情

随着孩子们年龄的增长，史红艳在选择古诗时，进行了分类。比如按季节分类。春天选择描写春天景色的诗文。例如，杜牧的《江南春》，白居易的《忆江南》，贺知章的《咏柳》，孟浩然的《春晓》，杜甫的《江畔独步寻花》《绝句》（两个黄鹂鸣翠柳）、《春夜喜雨》，张志和的《渔歌子》，韦应物的《滁州西涧》，王安石的《泊船瓜洲》，叶绍翁的《游园不值》，苏轼的《惠崇春江晚景》等。夏天选择描写夏天景色的诗文。例如，苏轼的《望湖楼醉书》《饮湖上初晴后雨》，杨万里的《小池》《晓出静慈寺送林子方》等。秋天选择描写秋天景色的诗文。例如，张继的《枫桥夜泊》，刘禹锡的《望洞庭》，杜牧的《山行》《秋夕》，温庭筠的《商山早行》等。冬天选择描写冬天景色的诗文。例如，刘长卿的《逢雪宿芙蓉山主人》，柳宗元的《江雪》，王安石的《梅花》，王冕的《墨梅》，高适的《别董大》等。

结合节日选择相应的古诗。例如，春节背诵王安石的《元日》；母亲节背诵孟郊的《游子吟》；四月五日清明节背诵杜牧的《清明》，韩翃的《寒食》等；九月九日重阳节背诵有关思念家乡亲友的诗文，王维的《九月九日忆山东兄弟》《送元二使安西》，贺知章的《回乡偶书》，李白的《赠汪伦》等；十月一日国庆节背诵爱国诗篇，王之涣的《凉州词》（黄河远上白云间），王翰的《凉州词》（葡萄美酒夜光杯），王昌龄的《出塞》《从军行》，李白的《望庐山瀑布》《早发白帝城》《望天门山》，陆游的《示儿》《秋夜将晓出篱门迎凉有感》，林升的《题临安邸》，于谦的《咏石灰》，郑燮的《竹石》，龚自珍的《己亥杂诗》等。

史红艳一直鼓励孩子们背诗，从他们的习作中我们可以感受到浓浓的诗香。

我爱古诗词

自"诗韵苑"特色班级创建以来，跟着老师背"床前明月光，疑是地上霜""海内存知己，天涯若比邻"……我因此也认识了李白、王维、陆游等许多著名诗人。现在，我已经背诵了很多古诗词。"日出江花红胜火，春来江水绿如蓝"，白居易用简简单单的言语便把一幅江南的美景淋漓尽致地展现在我面前；我更敬佩古人那高尚的情操，我曾经因读到"死去元知万事空，但悲不见九州同"而被陆游的爱国热情感动得热泪盈眶。是的，古诗词散发着无穷的魅力，让我遨游其中，痴迷不已！

古诗词不仅丰富了我的知识，还给我天真烂漫的童年增添了许许多多的乐趣呢！记得去年有一次，学校组织了秋游活动，在老师的带领下，我们一大早就出发了。太阳刚刚探出头来，路边的小草还含着晶莹剔透的露珠，小鸟在树上欢快地跳跃着，菊花展开着笑脸，一群群小蜜蜂也开始忙碌起来。看着这一派秋高气爽的景象，老师要求每个同学都说一句赞美秋天的诗句。"自古逢秋悲寂寥，我言秋日胜春朝""停车坐爱枫林晚，霜叶红于二月花"……大家你一句我一句地说着。我突然想到曹操的诗句"秋风萧瑟，洪波涌起"，便不慌不忙地说："秋意浓浓，蜜蜂忙碌"，大家都让我这句不伦不类的打油诗逗得捧腹大笑。

因为有古诗词一路相伴，那次活动搞得有声有色，我们也玩得特别开心。

——刘冰

学习方法，灵活记忆

史红艳不仅给学生推荐古诗，还教给学生背诗的方法。史红艳在古诗的背诵方法上，从每个学生的实际情况出发，因材施教，绝不让他们死记硬背。

1. 熟读成诵法

就是让学生多读，指导学生出声地诵读，默默地诵读，"不求甚解"地诵读，在读中整体感知，在读中有所感悟。每天20分钟的早读时间是读诗的黄金时间，值日班长对每天领读的古诗早备课、早准备，等同学们都到齐后，值日班长反复领读。学生对所读古诗有了初步的印象后，自己再进行诵读，一般一首诗读几遍就能背下来。

2. "1+n"记忆法

这种方法的名字来源于学生的"1+n"练字本，就是将所学的某一首古诗词，与其题材内容、表现手法相近的其他古诗词联系起来诵读，以形成一个知识组块。学习王安石的《梅花》"墙角数枝梅，凌寒独自开。遥知不是雪，为有暗香来"时，可指导学生同时诵读其他有关"梅花"的名诗。如王冕的《墨梅》："吾家洗砚池头树，朵朵花开淡墨痕。不要人夸好颜色，只留清气满乾坤"；唐代王维的《杂诗三首其二》："君自故乡来，应知故乡事。来日绮窗前，寒梅著花未"；毛泽东的《卜算子·咏梅》："风雨送春归，飞雪迎春到。已是悬崖百丈冰，犹有花枝俏。俏也不争春，只把春来报。待到山花烂漫时，她在丛中笑"。把这几首同一题材的诗歌联系起来让学生学习，扩大了学生的知识面，并使他们在对比诵读中强化了记忆，从而激发了学生读背古诗词的极大兴趣。

另外，中国古诗讲究对偶，且对句中常常有联系，如"两个黄鹂鸣翠柳，一行白鹭上青天""日出江花红胜火，春来江水绿如蓝"。抓住两句之间的对应关系（两个、一行，黄鹂、白鹭，日出、春来，红、绿等），也会大大降低学生的背诵难度。

3. 形象背诵法

对于蕴含生动形象和优美意境的古诗，如果能在背诵的过程中展开丰富的想象，使这首诗所反映的画面在头脑中再现出来，记忆就会更加牢靠，背诵时就会流畅自如。如在引导学生背诵唐代胡令能的《小儿垂钓》这首词时，史红艳先让学生去想象这幅画面，也可以简单动笔画一画，了解描写景物的顺序，由此学生对这首诗就熟悉了。

有些古诗中含有很多的动作，史红艳就指导学生根据古诗一边做动作一边记忆，尽管表演动作略显幼稚，语言也简单，但学生在哈哈大笑的氛围中，自然会取得良好的记忆效果。在背诵《池上》这首诗时，全班同学都成了诗中的小娃，做出划船、采莲、摆手的动作。学生兴趣盎然，很快就将古诗背诵了下来。

4. 抓头字记忆法

背诵时常有这种情况，对于一些本来记得很熟的诗，会突然在某个环节上卡壳。这时如果有人提示一下领头字（或词），就会很快地接上。这说明每句诗的领头字都具有诱发思维、帮助记忆的作用，所以，要下功夫尽可能将它记牢。在指导学生背诵古诗时，史红艳常常指派一名同学说每句诗的开头，以学生补充的形式帮助学生背诵，这样的形式能够让学生较快地进行记忆。

5. 故事引导法

史红艳指导学生背诵之初，常采用猜谜语、讲故事、提问题、设悬念等方法，引发学生兴趣，使学生兴趣倍增，情感激荡，再引导他们学习全诗，教学效果往往会出人意料。如背诵李白的《赠汪伦》时，史红艳讲述汪伦用计诚邀李白到桃花潭做客——汪伦是当时有名的诗人，隐居在安徽泾县西南的桃花潭畔，对李白佩服得五体投地，日夜吟诵他的诗。有一回，汪伦听说李白来了安徽，就修书一封。信中写道："先生好游乎？此地有十里桃花。先生好饮乎？此地有万家酒店。"李白早知汪伦是一方豪士，便欣然前访。见面后，李白方知"受骗"：所谓桃花，只是桃花潭，并无"十里桃花"；所谓"万家酒店"，只是店名，并无酒店万家。但李白哈哈大笑："临桃花潭，饮万家酒，会汪豪士，此亦人生快事！"于是，两人结为金兰之好。临别时，李白即兴写下七言绝句《赠汪伦》。

另外，学生们在背诗的过程中，自己还创造了许多有趣的方法。如：配乐曲背诵。对于一些抒情性古诗，可利用学生喜爱唱歌的天性，鼓励他们打破思维定式，激励他们利用自己的兴趣爱好，用自己喜欢的乐曲为这类古诗配乐。学生在史红艳的引导下，用自己喜欢的方式背诵，兴趣浓厚，加快记忆。每背完10首古诗，就组织开展一次相应的古诗文背诵比赛。背诵前要制定规则，方式：小组比、班内比。史红艳和学生还进行限时背诵。在限定的时间内，给出一定的内容，看谁在规定的时间内背得多。实践证明，这种方法非常符合人的记忆规律。

摘抄古诗，能背会写

随着时间的流逝，孩子们升入四年级了。以前背诵的古诗材料，好多孩子已损坏或者找不到了。史红艳的第一个想法就是把前三年背诵的古诗进行整理。一开始，她自己一首诗一首诗地往电脑上打，一段时间下来，发现这样既费时间，效率又不高。于是史红艳就想了一个办法，把以前背诵的古诗分给学生们，每人十首，让他们利用周末的时间打出来并把电子稿发送过来。这样孩子们既熟悉了古诗，又锻炼了打字能力，孩子们很乐意。但是一个新的问题又出现了，打印出的诗稿还是不利于保存，有些粗心的孩子不几天就又把它们弄丢了。怎么办呢？史红艳冥思苦想。正巧家委会送来一捆质量很好的笔记本，史红艳灵机一动，何不让孩子们建立一个专门记录古诗的本子，这样既有利于保存，也不容易毁坏。于是，她和孩子们给这个笔记本起了一个响亮的名字——"传家宝"，意思是这个记录古诗的本子需要永久保存，造福后代，流传千古。这样一来，孩子们作为家庭接班人的责任一下子就重起来，每个人都小心翼翼地保护着自己的"传家宝"，生怕有一点儿闪失。

有了"传家宝"之后，孩子们就把以前背诵的古诗积累在这个笔记本上。一开始，史红艳在每天的家庭作业中布置两首诗的题目，孩子们就把这两首诗完整地抄写在"传家宝"上。第二天早读之前，按学号安排两名同学把这两首古诗抄写在黑板上，其他同学进行对照。这样既整理了古诗，又熟悉了诗的写法，记忆更加牢固。整理了一段时间后，孩子们建议把每天整理的古诗题目提前写在黑板上，利用课间就把诗整理了，晚上只背几遍就行。史红艳采纳了孩子们的建议。到现在为止，孩子们已整理古诗300余首，这项工作他们每天都在进行，古诗书写出错率越来越低了。

解析诗意，提升能力

前三年学生年龄小，背诵的古诗主要由史红艳来选择推荐。随着年龄的增长，学生们对知识的渴求越来越强烈。背诗的时候，学生们经常提出问题："这首诗的作者是谁？他有哪些经历？""这首诗表达了什么意思？""诗人为什么这样写？"等等。这么多首诗，只靠老师指导根本忙不过来。进入四年级后，她把古诗推荐的权利交给了学生，让他们分小组推荐。小组成员商讨后，选择一首没背诵过的古诗，推选一名同学写在准备好的小黑板上，再推选一名同学解析诗的含义。每天早读课进行推荐，推荐同学把古诗的作者、朝代、诗意、推荐的理由向同学们讲清楚并负责领读、释义，全班同学把所推荐的古诗记在"传家宝"的反面。读几遍，抄一遍，一会儿就记住了。这项活动不但锻炼了孩子们的合作能力，也提升了他们对诗意的理解能力。

《凉州词》解析

一、古诗内容

《凉州词》

王之涣（唐）

黄河远上白云间，一片孤城万仞山。

羌笛何须怨杨柳，春风不度玉门关。

二、注释

1. 凉州词：为当时流行的一种曲子（《凉州词》）配的唱词。

2. 黄河远上：远望黄河的源头。

3. 孤城：指孤零零的戍边的城堡。

4. 仞：古代的长度单位，一仞相当于七八尺。

5. 羌笛：羌族的一种乐器。

6. 杨柳：《折杨柳》曲。古诗文中常以折柳赠别。

7. 度：吹到过。后两句诗是说，何必用羌笛吹起《折杨柳》这种哀伤的曲子，埋怨春光迟来呢，春风吹不到玉门关外啊！

三、诗意简析

"凉州词"是凉州歌的唱词，不是诗题，是盛唐时流行的一种曲调名。开元年间，陇右节度使郭知运搜集了一批西域的曲谱，进献给唐玄宗。玄宗交给教坊翻成中国曲谱，并配上新的歌词演唱，以这些曲谱产生的地名为曲调名。后来许多诗人都喜欢这个曲调，为它填写新词，因此唐代许多诗人都写有《凉州词》。

王之涣这首诗写成边士兵的怀乡情。写得苍凉慷慨，悲而不失其壮，虽极力渲染戍卒不得还乡的怨情，但丝毫没有半点儿颓丧消沉的情调，充分表现出盛唐诗人的广阔胸怀。

四、作者简介

王之涣（688-742），字季凌，晋阳（今山西太原）人，后迁居绛州（今山西绛县）。唐代诗人。

——潘诺

古诗游戏，乐在其中

1. 飞花令游戏

《中国诗词大会》开播的第二天，学生庞雨昊就笑眯眯地对史红艳说："史老师，昨晚的飞花令你看了吗？真是太有趣了！我们班背了这么多首古诗，我们也可以玩飞花令游戏呀！"话语未落，旁边的孩子们也七嘴八舌说起来："太有意思了，我还答对了好多题呢！""史老师，我们也玩飞花令吧！""昨晚我在家里跟父母玩飞花令，我赢了，太高兴了！"其实昨晚史红艳已经把《中国诗词大会》从头看到尾，心里已经有了这个打算。看到孩子们这么热情，史红艳欣然应允。她和学生们制定了本班飞花令规则：一周举行一次。把全班分成五个小组，老师定下基本字后，小组成员搜集整理关于这个字的古诗句，然后选派一名代表参加全班的飞花令游戏。在游戏过程中，每组都有两次求助的机会。获胜小组每次加10分，记录在班级小组考核中。对特别优秀的小组成员进行当场奖励。"飞花令"这一有趣的游戏成了史红艳和孩子们的最爱。这一游戏方式极大地调动了孩子们背诗的积极性和集体荣誉感。孩子们在浩如烟海的诗海中畅游，既巩固了古诗的背诵成果，又陶冶了情操。

我喜欢飞花令

周四下午，我们班举办了一项别开生面的语文活动——飞花令游戏。我对飞花令很感兴趣，迫不及待地想要体验一下玩飞花令的乐趣。

史老师站在讲台上，亲切地说："同学们，我们先来抽签确定比拼对象，然后进行'一对一'对抗。"于是，每个小组选出参赛队员，当然，代表我们小组出战的就是我。本次飞花令的关键词是"花"。

活动开始了。第一轮上来的同学是一组的马志城和二组的孟佳睿。孟佳睿是我们班既脑瞵又有文采的同学，她走上台时的样子就让大家觉得她很有趣。她说的第一句古诗是"西塞山前白鹭飞，桃花流水鳜鱼肥"，马志城不假思索地说出了"借问酒家何处有？牧童遥指杏花村"，"无可奈何花落去，似曾相识燕归来""山重水复疑无路，柳暗花明又一村"。他们两个人，你来我往，结果最后马志城卡了壳，赶忙向小组成员求救。"停车坐爱枫林晚，霜叶红于二月花。"不知谁喊了一句。孟佳睿接着说："黄四娘家花满蹊，千朵万朵压枝低。"马志城冥思苦想了一阵，又求助，一组的同学实在想不出来了，二组获胜。

接下来，三组的曹昕硕与四组的张璟博上场，他们两人落落大方地来到台上。张璟博的个性比较急，还没等主持人说开始，他就说出了第一句："日出江花红胜火，春来江水绿如蓝。"曹昕硕也不甘示弱，紧接着来了一句："春风得意马蹄疾，一日看尽长安花。"他们你来我往，大战二三十个回合，最后张璟博不敌曹昕硕，终于败下阵来。

接着是李政轩和韩如意。李政轩平时总是笑嘻嘻的，他会表现得怎么样呢？可这次他在台上却非常庄重，"春色恼人眠不得，月移花影上栏干""接天莲叶无穷碧，映日荷花别样红"。他一边打手势，一边一句句高声朗诵。他一点儿也不紧张，一直念念有词。韩如意虽然很镇定，古诗词积累深厚，但最后还是输给了李政轩。

同学们陆续来到舞台中间，"一对一"对抗，轮流吟诵含有"花"字的诗句，不管是否获胜，人人如沐春风。最后轮到我和庞雨昊上场，我一边打手语，一边朗诵诗句："自在飞花轻似梦，无边丝雨细如愁""泪眼问花花不语，乱红飞过秋千去""梨花院落溶溶月，柳絮池塘淡淡风"。我和庞雨昊表现得非常好，赢得了老师和同学们的阵阵掌声。最后我赢了庞雨昊！

两节课过去了，飞花令活动也落下了帷幕，老师宣布结束时，同学们依然意犹未尽。当史老师宣布下周适当时间还要进行第二季比赛时，同学们便欢呼了起来。我真的很喜欢飞花令，这次语文活动给我留下了极其深刻的印象！

——张涵

2. 诗句接龙游戏

诗句接龙游戏也是史红艳和孩子们的最爱。因为低年级孩子们积累的古诗还比较少，所以接龙先是老师读诗的第一句，学生接第二句，这样接完一遍之后，史红艳便让学生读第一句，她接第二句，男生背诗的第一句，女生背第二句……如此互换位置地接龙，可促进学生把一首诗的所有诗句读熟记住。

升入高年级后，诗句接龙的难度也增加了。史红艳和学生们主要进行了以下几种方式的接龙：第一，诗词顶针接龙。这是古诗词最主要、最常见、最有效、历史久远的一种接龙方式，用前面结尾的词语或句子作为下文的起头。除了用相同的字词，还可以利用谐音字作为下一首诗词的起头。第二，数字诗词接龙。顾名思义，就是按照数字数位顺序串联起来的古诗词，每一首诗，第一个字都是数字。第三，节日诗词接龙。以中华民族传统节日时间顺序连接起来的中小学古诗词接龙。

通过诗词接龙，孩子们很自然、很轻松地积累了百多首古诗词，不仅体验了成功的快乐，还为自己打下了亮丽的文学底色。"熟背诗词百多首，口才文章一定行"。

晨吟晚诵，见缝插针

随着年级的升高，学生们课业加重，留给学生们背诗的课外时间很少。在不影响学生课业的情况下，史红艳按照"见缝插针"的办法，早上背一点儿，晚上作业少时背一点儿，久而久之，学生们能自己找时间背诵，能够完成背诗任务。

史红艳要求学生背诗时遵循三条原则：

第一，不重形式重过程。要面向全体学生，坚持全程参与，在背诵古诗文的过程中提高素质，发展能力。第二，不求数量求质量。质量第一，数量第二。要正确处理背诵与理解的关系，不能只单纯追求背诵数量，更不能把背古诗文转变成学生新的负担。要让学生轻松地背，愉快地记，提高学习古诗文的质量。第三，不讲速度讲效果。速度和效果并非相辅相成。搞古诗文诵读，宁可慢一些，但求好一些；宁可牺牲一点儿速度，也要有个好效果。

经典诗文伴我成长

老师们、同学们：

大家早上好！我是四年级一班的张家琪，今天我在国旗下演讲的题目是《经典诗文伴我成长》。

"八岁背唐诗，八十不会忘。"我们小学生活泼好动，兴趣广泛，记忆力最强，这一年龄段背熟的古诗词，常能记忆终生。"熟读唐诗三百首，不会作诗也会吟。"诵读大量古诗文，可以使我们既获得丰富的文学知识，又受到良好的思想教育；既启迪思维、培养灵感，又能提高语言表达能力。更重要的是，这项活动不仅使我们终身受益，而且会影响到我们的子孙后代。

当我牙牙学语的时候，妈妈就教我背诵简单的古诗，《咏鹅》《春晓》《锄禾》等脍炙人口的古诗开启了我背诵经典诗文的大门。上小学后，伴随着我班特色班级"诗韵苑"的创建，根据班主任老师的计划和安排，我每学期背诵古诗50余首，到现在，我已背诵古诗300余首。我喜欢背诗，更喜欢诗中蕴含的道理。走进古诗，就仿佛走进了诗人的内心，让我的心灵在与诗人一次次碰撞中得到升华。诵读古诗，我感受到杜甫"会当凌绝顶，一览众山小"的豪迈气概；领略到陶渊明"采菊东篱下，悠然见南山"的自由隐居生活；体会到陆游"夜阑卧听风吹雨，铁马冰河入梦来"的爱国情怀；文天祥"人生自古谁无死，留取丹心照汗青"的坚贞气节和视死如归的情怀，这些都令我为之动容。

除了背诵古诗，我还背诵了《三字经》《弟子规》《千字文》《笠翁对韵》《毛主席诗词》等。在我班举办的赛诗会、古诗文游戏、诗配画评比等活动中，我都有优异的表现。那一张张奖状见证了我在经典诗文道路上的成长历程。渐渐地，我发现背诵经典诗文有许多好处：不仅可以积累知识，增强记忆力，还能给我们思想的教育、生活的启迪。

去年，在青州市《首届中小学生中华诗词电视大赛》中，我们学校五六年级的大哥哥过五关斩六将，以近乎完美的表现取得了第一名的好成绩。我在为他们感到自豪和骄傲的同时，也在心里暗暗下定决心：我要以大哥哥们为榜样，多诵读古典诗文，不断充实自己的文学知识，在未来的日子里为学校争光。

同学们，中国是一个具有五千年历史的文明古国，中国的文化灿烂辉煌。古人给我们留下了寓意深刻的中华经典，需要我们21世纪的新一代去传诵。让我们一起诵读中华经典吧！

——张家琪国旗下演讲讲话稿

诗文背诵，磨炼意志

史红艳推荐的古诗词有长有短，短的学生一会儿就能背熟，可面对较长的古诗词，有的同学就有了畏难的情绪。比如李白的《蜀道难》《诗经》中的《采薇》、曹操的《短歌行》等，篇幅比较长，乍一看，背下来的可能性不大。起初，史红艳也束手无策，甚至做了为这几首诗打持久战的准备。后来她和学生们采取了化整为零的战术，今天背几行，明天背几行，不几天的工夫，竟然背过了，孩子们的脸上露出了成功的喜悦。借此机会，史红艳对孩子们进行了德育教育，孩子们深深地认识到，世上无难事，只怕有心人。

我喜欢诗人李白的诗，《望天门山》"天门中断楚江开，碧水东流至此回。两岸青山相对出，孤帆一片日边来"。这首诗让我体会到长江的浩瀚与奔流不息，我仿佛看到了在万丈峡谷之间，一条汹涌澎湃的黄河直泻而下奔流向大海，一条帆船早已驶过此地，去向遥远的地方。诗词如同一只火把，它点亮我的心房，照亮我前进的道路；古诗就像一首首优美的童谣，悄然走进我的心灵。当我看到秋天那枯蔫焦黄的小草时，我禁不住想起"离离原上草，一岁一枯荣。野火烧不尽，春风吹又生"。小草那顽强的生命力，让我明白对生活要充满希望，充满梦想。诗词如同一面镜子，照出了生活的真善美，每当饭后碗里有剩余的米粒，我耳边总会想起妈妈的唠叨声，"谁知盘中餐，粒粒皆辛苦"。它让我懂得了要节约粮食，同时还要尊重别人的劳动。

在成长的过程中，我明白了很多道理，"莫等闲，白了少年头，空悲切"，《满江红》里岳飞告诉我们要珍惜时间；"不要人夸颜色好，只留清气满乾坤"教我们做人要清清白白；"长风破浪会有时，直挂云帆济沧海"，李白鼓励我们面对挫折时，要有不怕困难的信心。诗词艺术魅力无穷，李白、杜甫、白居易、王维等无数诗海名家，如一颗颗璀璨的星星，点缀着历史的天空，也滋润着我的心灵。

——曹硕

史红艳说："诗，像一束阳光，给我带来了温暖；诗，像午后的凉风，让我感到清爽惬意；诗，更像一位良师益友，给了我很多教益。在诗海中漫游，我看到了许多闪光的东西，那便是人类的智慧，我伸手捕捉，拾取诗中的谆谆细语。徜徉于诗海，它的浪花，它的清凉已侵入我的心房，融入我的生命。在诗中，我与古今牵手，与世界对话。我爱古诗，爱得深沉，爱得心切。"古诗陪伴着史红艳和她的孩子们一起成长。诗净化了他们的心灵，陶冶了他们的情操。史红艳决心继续扬帆起航，在古诗的陪伴下，带着她的孩子们驶去光明的远方！

张海宁

漫步国学堂，写一段书香年华

张海宁简介

张海宁，青州云门书院教师。青州市优秀少先队辅导员。青州市师德标兵。崇尚魏晋风骨，贪恋古典诗词，落花有禅意，浮云留闲情。纵使国学已成为绿水对岸的青山，我也愿铺地为桥，引人渡水近青山。

自踏上教坛，用爱心启迪孩子的心灵，用激情点燃孩子的智慧，始终把教学当成一件快乐的事情，始终保持不竭和强劲的动力。坚信：要想学生好学，必须先生好学。唯有学而不厌的先生，才能教出学而不厌的学生。

张海宁心语

时间的洪流会让很多昔日的珍宝褪色，然而，国学殿堂中的每一个字句，依然闪耀千年前凝固的辉光。静静地望着她们，如同仰望天空中的皎皎明月，渺渺天河，心里也慢慢装满那晶莹出尘的玉壶之冰。

家长感言

润泽十岁了，在他的成长岁月中，作为妈妈的我有许多感悟，有欢乐、有懊恼、有焦躁，但回味更久更深的仍是他带给我的悠悠喜悦，那感觉就像深藏地下的美酒，醇醇香意渐渐飘散。

我们一起走在大街上。骄阳似火，一个乞讨者在马路边上，头发斑白，面容枯槁。儿子远远看见了，拉着我径直朝老人走去。蹲下身子，把自己小钱包里的20元零花钱掏了出来，轻轻放到了老人面前的纸盒中。我没来得及看老人的反应，因为我被这个小小的身躯感动了。

路上，我问他为什么这样做，他的一句话再次把我震撼了："老师说过，

'老吾老以及人之老，幼吾幼以及人之幼。'"我继续追问他什么意思，他一本正经地跟我说："老师说，在孝敬自己的长辈时，不应忘记其他与自己没有亲缘关系的老人；在抚养自己的小孩时，不应忘记其他与自己没有血缘关系的小孩。"我心中灿然，为一个小小少年的美好心灵。

没想到，远隔数千年的孟子的一句话竟然比我苦口婆心的说教更具有说服力。我想，这就是国学的魅力吧！

——刘润泽妈妈　鲁玉霞

漫步国学堂，写一段书香年华

多久没有提笔为你写一首诗

对偶平仄押韵难道都在故纸

常常欲言又止表达缺乏情致

书到用时才恨少还真那么回事

梦里一记钟声恍然敲回古时

花明柳媚春日书院里又添学子

苦读百卷经史不止为功名之资

学问里自有传承和坚持

琅琅书声如春风拂过千年时空

少年啊壮志在胸赋首词让人感动

借一场古典的梦与东坡热情相拥

没告诉他将被千古传诵

——题记

2011年9月，怀揣着新的教育梦想和刚进入工作岗位的忐忑，张海宁老师来到了浸润着古书院文化气息、又充满现代教育理念的青州云门书院双语学校。校门口迎接她的那满墙的蔷薇已经花事渐了。刚从大学校门跨出，由学生角色瞬间转换成教师角色，一切都是毫无头绪、令人抓狂。虽有"欲上青天揽明月"的壮志在胸，却苦恼于处处"雪拥蓝关马不前"。面对四十几个天真无邪的孩子，张老师使出了浑身解数来规范班级秩序，却毫无成效。

正当茫然无措的时候，学校为鼓励有特色的教师张扬个性、展现思想，开始进行特色班级创建活动。一批有思想的教师脱颖而出，他们的教育智慧令人叹服。陈鸿老师的"书香乐苑"引领孩子踏上了阅读的快车道；杨远滨老师领着旭日中队的全体同学开始"接力日记"，开启读写生活；史红艳老师的"诗韵苑"也大张旗鼓地投入唐诗宋词的吟咏积累中……一时间，学校特色班级百花齐放，令人眼花缭乱，让人怦然心动。苏霍姆林斯基曾说过："一个无任何特色的教师，他教育的学生不会有任何特色。"张海宁也开始寻找自己与学生的契合点，辗转反思后，她决定把自己的爱好传递给学生，那就是用国学经典去浸润学生的心灵。

她说，古往今来的人们，用双手和智慧创造了雄伟壮观的城池、美轮美奂的宫室、巧夺天工的珍玩……而最值得我们一唱三叹的，并非是这些冷冰冰的死物，而是古人思想中的精华，艺苑中的奇葩。国学就是我国文学宝库中的珍宝。四书五经，诗经古风，唐诗宋词，构成了中国文化无比壮丽的景象，饱含着丰富的文化内涵和审美意蕴，是我们祖先智慧的结晶，是中国文化最灿烂的瑰宝之一。中华民族因为自己博大精深的文化而存续，而骄傲，而伟大。张海宁老师也开始尝试用国学去潜移默化地影响学生。

国学启智，打好稚子蒙童的人生底色

无限相信书籍的力量，是我的教育信仰的真谛之一。

——苏霍姆林斯基

许多人说国学生涩难懂、枯燥乏味，大人都看不进去，小学生更读不明白了。尤其是在电影、电视、网络、游戏等各种娱乐活动不断涌现的今天，把民众的注意力重新吸引到传统文化上来，鼓励当代人重读经典、接续传统，确实不易。

其实小学生诵读的主要目的是国学经典文化的积累，虽然小学生缺乏古汉语知识、理解能力不强，但他们的记忆正处于黄金时期，把重心放在诵读和背诵上，大量地积累国学经典篇目，随着年龄的增长和知识的不断增加，他们会逐渐理解、感悟，做到知行合一。

例如，学生诵读的《三字经》《百家姓》《千字文》蕴涵着丰富的历史知识和题材广泛的典故；读了《增广贤文》知晓如何为人处世；《笠翁对韵》是声律启蒙读物，讲究写作格式的对韵，同时传送了历史、地理以及古典文学知识；《论语》《庄子》，儒家和道家是我们民族思想的源头；唐诗所表达的思想感情的丰富性、复杂性、广阔性，是前所未有的……将这些范文烙印脑中，自然就能提高语文素养。

当张海宁把《笠翁对韵》送到孩子们手中时，孩子们就被第一章中的"天对地，雨对风。大陆对长空。山花对海树，赤日对苍穹。雷隐隐，雾蒙蒙。日下对天中。风高秋月白，雨霁晚霞红……"这些简单的语言、和谐的声调深深吸引了。随着诵读的深入，张老师给他们讲"龙"是一种多毛的狗，告诉他们天文地理、历史典故、鸟兽草木、名物典章、风俗习惯……书中的一切都变得趣味盎然，让同学们兴致勃勃地去探究。

让第一批孩子接触《红楼梦》原著的时候，是这群孩子第一次接触国学名著中的大部头小说原著。孩子们都抱怨看不懂、没意思，读书的兴趣渐渐低落。有些同学开始敷衍每天的阅读任务。当张海宁发现这一现象后，开始反思如何指导学生学会阅读这类作品。于是，每天早上7:40的教室里，总会传出张海宁老师陪读的声音，她一边读一边解释，并指导学生如何做批注、如何查阅资料帮助理解。一个月后，孩子们开始投入小说原著的阅读中来了。蒋文静同学到学期末，做了满满三本《红楼梦》的注释与援引笔记。

在学生成长的同时，张海宁也在尝试如何破解这种大部头经典名著的阅读技巧。经过长时间的探索，她摸索出了一些帮助学生扫清阅读障碍的方法。

1."破冰法"——化长为短，联袂成荫

因为篇幅冗长的章回体小说有其固定的篇章结构方式，每章或每回都可以独立成文。在指导阅读时，可将长篇章回体小说化长为短，指导学生在阅读时以章节为阅读单位，切勿断章取段，让学生在阅读时停顿混乱。这样，既不会给学生造成阅读负担，也给学生充分的阅读期待。例如，在指导阅读《水浒传》时，张海宁先让学生了解了章回体小说的结构特点——开篇会用"话说""且说"开头，结尾会用"欲知后事如何，且听下回分解"。让同学们在阅读时不能仅凭自己的阅读兴趣，还要关注作者布局章节的目的动机。这样逐章阅读，既不会让学生在阅读时毫无头绪，感到枯燥乏味，又能使他们完整全面地了解小说情节，避免走马观花。最后，通过阅读交流汇报课，让学生们将篇章情节连成一起，从而得知整部小说的故事情节。

2."过滤法"——梳理人物，避次就主

小说中的人物给予小说以生命的活力，构成了小说的灵魂。读者正是在静静的阅读中与小说中的人物进行心灵的对话、碰撞，从而得到了人生的启迪。在面对出场人物众多的小说时，可以将小说人物进行梳理。将次要人物过滤掉，将阅读重点放在主要人物身上。如在《红楼梦》《水浒传》《三国演义》等长篇小说中，人物达上千人。如何让学生在阅读时保持兴趣、持续阅读，重点应帮学生学会梳理人物，让学生在浩如繁星的人物群中提取出主要人物形象，理顺人物之间的关系。这样，既帮助学生保持阅读兴趣，同时又能引导学生进行探究性阅读。例如，在《水浒传》的阅读过程中，张海宁让学生准备阅读笔记，命名《梁山英雄谱》。笔记中将水浒108将逐页列出，每页内附水浒好汉的绰号、星宿、所用兵器、关键事件、人物性格等，让学生通过自己的学习活动深入了解人物形象，也激发了学生探究性阅读的兴趣，同时培养了学生读书的耐心和细心的阅读习惯。

3. "搭桥法"——接轨古今，比照虚实

有些经典小说通过对现实的描绘和对人的心灵世界的探索，揭示真理，歌颂美好，批判邪恶，嘲弄愚蠢，在培养人们崇高的思想感情、坚强性格和形成积极的人生观，净化思想、灵魂方面具有巨大的教育作用。但因为小说与当代学生所处的时代背景有时间差，会让学生在阅读时产生天然的阅读屏障，无法与作者产生情感共鸣。教师在指导阅读时，可以让学生将小说中的情节或人物与现实中的进行比照，拉近历史与现在、虚构和事实之间的关系，运用比照的方式自己打破阅读壁垒。

4. "引渠法"——汲取活水，灌溉心田

在人类历史发展的早期，城市人口增长的限制往往在于水源缺乏，解决的办法就是建造引水渠。同理，儿童的精神成长很大程度上依赖于阅读适合年龄发展的优秀作品。然而，读书假如只是陶醉于故事情节之中，不做思考，就很难汲取到丰富的精神养分。教师应为学生建造一条通往精神世界的"引水渠"，指点学生去思考蕴涵在曲折离奇的故事中的有关友情、责任、信念等人生的重要课题，让渗透在字里行间的精神养料润泽孩子的心田。

这些实践让学生渐渐迷上了这些繁杂甚至有些晦涩的古典小说。于是，孩子们集体共读了《水浒传》《三国演义》《西游记》《红楼梦》《封神演义》等经典小说，大大开阔了学生的眼界，拓宽了学生的知识面。张海宁老师也开始尝试执教经典名著整本书阅读的公开课，让更多的孩子接触国学，感悟经典，喜欢阅读，学会阅读。

经典养德，塑造书院新人的心志基础

教育的伟大目标不只是装饰而是训练心灵，使具备有用的能力，而非填塞前人经验的累积。

——爱德华兹

国学是人生之学，国学里蕴含了太多做人的哲理，加强对小学生的国学教育对于塑造一个人的品质极为重要。熟诵于口，濡染于心，也能改变德育以说教为主的方式。如"己欲立而立人，己欲达而达人"的仁道；"己所不欲，勿施于人"的恕道；"和为贵""和而不同"的共生共处之道；"自强不息""厚德载物"的个人与社会互动之道等等。

《弟子规》是中国文化的框架，是圣学的根基，教育孩子应从《弟子规》开始。刚接手2013级2班时，张海宁就让每个孩子准备了《弟子规》。清晨的教室里，开始传出琅琅的"弟子规，圣人训。首孝悌，次谨信……"。在读书之余，张老师不断向学生传递着为人处世的道理。

《弟子规》的启示
2015年10月10日　星期五　天气晴

去年，因一些小事，我和姐姐吵了一架。我们互相不理睬，谁也不想先跟对方低头认错。我们就这样僵持着。爸爸妈妈也拿我们没有办法。可是我的心里还是很想和姐姐和好的，碍于面子，我仍坚持着。

今天早读课上，我们诵读《弟子规》中"兄道友，弟道恭。兄弟睦，孝在中"。张老师告诉我们，当兄长的要诀是友善；当弟弟的要诀是对兄长恭敬；兄弟和睦了，自然就能达到"孝"的目的。我恍然大悟，突然后悔自己这几天的行径。和姐姐争吵既破坏了我们的关系，又让父母伤心，多么不应该啊！

回家后，我主动和姐姐和好，并承认了自己的错误。我们一家又充满了欢声笑语。

——张雅舒

活动怡情，张扬多才少年的多彩个性

人的内心里有一种根深蒂固的需要——总想感到自己是发现者、研究者、探寻者。在儿童的精神世界中，这种需求特别强烈。但如果不向这种需求提供养料，即不积极接触事实和现象，缺乏认识的乐趣，这种需求就会逐渐消失，求知兴趣也与之一道熄灭。

——苏霍姆林斯基

在国学堂特色班级的创建活动中，为张扬学生的个性，展现学生学习国学的成果，张海宁借助丰富多彩的活动形式为学生搭建平台。

1. 诵国学，平仄抑扬吟雅韵

翩翩少年，若不负韶光，与经典为伴，该是人世间多么美好的机缘啊！

同学们利用早读时间结合篇章内容采取吟诵、吟唱、诗词表演、配乐朗诵等形式，分别诵读了《弟子规》《道德经》《少年中国说》等古诗词。同学们声情并茂、富有激情的诵读，让每个清晨充盈着琅琅的读书声。孩子们将自己融入国学经典的世界中，与智者对话，与谋者切磋。君子为伍，志士相伴，思想变得充盈，内心也变得强大！

此外，去年10月份，当温情的诗书与料峭的春寒相遇，少年们将琅琅书声化作缕缕春风，拂过书院的千年时空。国学堂学生借助"让梦想飞"大舞台将所学国学经典的一部分用朗诵的方式展现出来。"云对雨，雪对风，晚照对晴空……"，《笠翁对韵》，平仄押韵，不止在故纸，更在孩子们稚嫩而又嘹亮的吟咏中！出师一表真名世，忧国忧民《岳阳楼》。锲而不舍《劝学篇》，淡泊明志《陋室铭》……一篇篇诗风文韵，是少年内心大厦的夯基。希望不久以后，他们也能守住内心的宁静，成为社会顶梁的大椽！

在素质展示过程中，杜奕汀同学的一首《书香年华》告诉同学们："苦读百卷经史不只为功名之资，学问里自有传承和坚持！"赵曼晴和康琳卿的舞蹈更是让大家惊喜连连。张海宁老师则分别为三位同学做了一首藏名诗，让学生欣喜不已。

神采奕奕如闻韶，芙蓉泣露汀兰笑。

若无台下千寻功，哪得绕梁三日妙？

——杜奕汀唱响《书香年华》

琳华落书院，倩影卿翩跹。

只见舞回风，都无行处踪。

——观康琳卿舞蹈有感

秀曼都雅至，满座皆为惊。

晴日春寒下，我自展风姿。

——观赵曼晴舞蹈有感

笑嫣然，舞蹁跹，语如弦。垂髫之年，恰逢诗书。乘着歌声的翅膀，借着舞姿的回旋，让这段书香年华在幼小的心灵中开出一路的芬芳！

2. 写经典，横平竖直露风骨

将国学经典用书写的形式展现出来，是同学们集思广益的结果。这种展示方式既通过个性的书写诠释经典的内涵，又让经典浸润上翰墨的芳香，一举两得。同学们别出心裁地将一些历史文化名人设计为一个展示单元，命名为"走进大诗人"，然后搜集以名人为主题的诗词歌赋，并将自己最喜欢的篇章书写出来，张贴到班级文化墙上，让墙壁也充满了墨香和国学情怀。

我们第一期主题人物是诸葛亮，学生搜集了与诸葛亮有关的故事、诗篇、俗语谚语、书法作品等，对诸葛亮的了解也从《三国演义》故事或者是"三国杀"游戏中跳出来，结识了这位三国时期杰出的政治家、军事家、外交家、文学家、书法家、发明家，集中诵读了千古名篇《出师表》《诫子书》等，对这位"鞠躬尽瘁，死而后已"的忠臣和智者肃然起敬。第二期主题人物是千古第一才女李清照。无论是对李清照诗词的赏析解读，还是对李清照形象的描摹勾勒，都让这位才女在学生脑海中留下了惊鸿一瞥。李白、杜甫等历史名人也相继成为学生了解的主题人物。

这种方式，既能让学生更全面地、多方位地了解历史人物，又能将自己的书写成果展示出来，极大地激发了同学们学习国学的积极性。

3. 开万卷，智周万物通鸿儒

让学生通过阅读国学经典与鸿儒雅士对话，使阅读经典成为一种学习常态。本学期，国学堂学生共同阅读的书籍有《红楼梦》《水浒传》《三国演义》《西游记》《笠翁对韵》等近10本国学经典书籍。另外，一些同学在读完这些共同阅读书目后，还自主阅读了《黄帝内经》《诗经》《易经》《封神演义》《大学》《中庸》《孟子》《论语》《战国策》《左传》等多部国学经典，在阅读中超越时空的界限，与智者对话，与谋者切磋，受益匪浅。看看同学们的读书成果，一排排整整齐齐的书籍彰显了孩子们对国学的兴趣。

读国学有感

国学让我受益匪浅，让我隔着时空与古人对话，让我看到了祖国五千年的文明史，让我懂得了做人的道理，更让我坚信祖国的强大有它的历史渊源，祖国强盛也是必然的。

"滚滚长江东逝水，浪花淘尽英雄。"历史的滚滚长河，民族的浩瀚星空，人生的坎坷历程，无不浸透着中华文化的精神。于是，千百年中国傲立于东方，历史长河金鲤化龙，浩瀚的广宇群星灿然，炎黄挺起五岳的脊梁！"会当凌绝顶，一览众山小"，是杜甫吟唱的盛唐清韵；"了却君王天下事，赢得生前身后名"，是辛弃疾呐喊的两宋悲歌；"我自横刀向天笑，去留肝胆两昆仑"，是谭嗣同面对民族衰微的浩然肝胆！

《论语》告诉我们做人要守住内心的宁静。淡泊明志，宁静致远，保持内心世界的宁静，是一种修养，一种智慧，一种境界，也是成就事业、获得幸福快乐的必要条件。只有一个内心宁静的人，才能在纷繁复杂的世界面前看得深、看得远，才能使自己的思维闪烁出智慧的光辉，才能把自己的人生看得更透彻、更完整。

诵读诗经，在"关关雎鸠"的鸣唱声里，我听到了"窈窕淑女，君子好逑"的爱情箴言；在"坎坎伐檀"声里，我看到了一群袒露脊背的人迸发出"不稼不穑，胡取禾三百亿兮"的悲愤；在旌旗呼啸处，我听见了出征将士"岂曰无衣，与子同袍"的怒吼……

国学经典是中国的瑰宝，是中华民族生生不息、传承国脉的精神！那或铿锵或柔美的辞章，溅落在历史的长河里，激起遥远的绝响！它是炎黄子孙奋斗不息、富国强兵的力量源泉！它犹如一束光芒润泽着一代又一代华夏儿女！国学经典，华夏辉煌，成就了伟人的不朽，缔造了民族的昌盛。国学文化，是华夏民族的灵魂，是炎黄子孙的精神脊梁！让我们一起诵读国学经典，传承中华文化，肩负起民族复兴的伟业，让中国这条龙腾飞在世界东方！

——杜奕汀

4. 唱新词，以歌为媒传经典

在中华民族的文学艺术传统中，诗词歌赋绽放出璀璨、迷人的独特光彩，是我们引以为傲的瑰宝。诗歌以高度升华的语言文字言志抒怀，歌之诵之咏之，凭借其自身的声调韵律，显露出抑扬有致、顿挫有度的艺术美感。从汉唐诗歌到宋元词曲，诗与歌总是有机交融、相互渗透、相映生辉。古代诗词歌赋乘着音乐的翅膀，使文字意向飞舞跃动，韵致内涵，沁人心扉。每每以一曲琴歌，唱一段曲牌，叹别样的人生，感历史之文明，赞艺术的奇姿，总会悟出中华文明崇高、秀美、深闳的内在潜质。

如果仅仅和孩子们背诵诗词，往往会因为形式的单调导致学生兴味索然。张老师发现很多流行歌曲都有与古典诗词相融的部分，有的直接套用，有的进行改编，谱上乐曲后都成为经典传唱。于是，张海宁又开始把歌曲引入到经典诗词的记诵中去。《明月几时有》的空灵，《葬花吟》的凄婉，《新鸳鸯蝴蝶梦》的洒脱，《送别》的深情，《满江红》的豪迈……学生在音乐的感染下更容易投入诗词的意境中去。

5. 排剧演，穿越千年溯历史

历史剧创作与演出活动有利于引导学生进行广泛阅读和深入研究，让他们重回历史现场，在感悟、探究以及合作中，培养人文情怀和学科素养，这已经成为学生喜爱的学习活动。有些孩子基础较差，不喜欢阅读，不喜欢学习，但他们喜欢表演。要表演好历史剧，就得先掌握剧中人物的相关知识，揣摩人物个性，他们会主动地去查找资料、识记知识，久而久之，他们的学习兴趣更加浓厚，自信心增强。演出者演得活灵活现，观众们看得津津有味。国学堂的孩子们也开始投入剧演这一领域。同学们发挥历史的想象力，融合所学，施展创意，不断送给大家新的观感，并传达了十足的正能量。为了演好《将相和》中赵惠文王这个角色，丁传译同学回家翻阅了大量史籍材料，对春秋战国的历史有了自己独到的见解，游刃有余的表演引得掌声连连。曹元瑞同学本就是一个历史迷，他饰演的蔺相如顾全大局、温文尔雅，令人折服。学生在教师的指导下自编、自导、自演，自己制作道具，自己设计台词，学生有了一个充分发挥自己才能的机会，满足了探究历史的好奇心。比如，他们认识到了不同历史时期的人们所使用的家具是不同的，衣服的面料与款式是不同的，甚至吃的食物也会有差异。进而，他们又渴望了解为什么会有这样的变化。这就是学习的自主性被激发的结果。

6. 重德育，于无声处塑情操

当前，大多数学生都是独生子女，家长的宠爱以及社会环境的影响使现在许多孩子养成了不良的行为习惯：自理能力差，依赖性强；心理不成熟，缺乏坚韧不拔的意志；任性，我行我素，不顾他人感受；自私狭隘……而在《弟子规》《论语》《孟子》《道德经》等先贤的大多经典著述中，给出了他们解决这些问题的方式方法。

中国传统文化中有很多宝贵的做人做事的道理："人不知而不愠，不亦君子乎""三人行，必有我师焉""凡出言，信为先"……孩子在诵读这些朗朗上口的语句时，不仅能够识字认字，还能在潜移默化中学习中国传统文化及其中所包含的美德，培养了良好的人文素养、心理素质、道德品质和人生理想。

用国学滋养学生心灵

一天清晨，刚走出办公室的张海宁就被一阵争执的声音吸引到教室门口。只见两个小班干部正吵得面红耳赤。原因是卫生委员想让同学们先履行班级小岗位的职责，学习委员却想领着全班同学诵读经典。虽说是各说各有理，但他们的初衷都是为班级考虑。张海宁把他们邀请到办公室，拿出纸笔，端端正正地写下了两行文字。是《周易》中的一句话："二人同心，其利断金；同心之言，其臭如兰。"两个同学安静了下来。张老师又解释了一番："同心协力的人，他们的力量足以把坚硬的金属弄断；同心同德的人发表一致的意见，说服力强，人们就像嗅到芬芳的兰花香味，容易接受。"两个孩子听后，恍然大悟。

在国学经典"润物无声"的浸染下，老师和家长欣喜地发现，孩子们从文化素养到精神气质都发生了巨大的变化。无论是在课堂上还是在家里，同学们的语言变得丰富灵动了，常常妙语连珠，出口成章；写作文也常常引经据典，信手拈来。

更让家长高兴的是，孩子们懂得了孝敬，懂得了感恩，懂得了一衣一食来之不易。经典诗文开阔了学生的视野，陶冶了学生的情操，为他们的内心世界涂上了亮丽的底色。

很久没有如此激动的感觉了——看着孩子们读国学后的点滴进步，我深深地感到：山高方知路远，水激才感源深。

国学，是孩子们人生中收集的第一滴露珠，心灵沐浴的第一缕阳光。在这些欣欣然张开眼睛看世界的孩子身上，人类无尽的潜力充分显示了出来。一花一世界，每一个可爱的孩子，都向我们展现了国学对他们潜移默化的影响。这潜在的内化过程，对于孩子们即将展开的花样人生弥足珍贵。

我们知道，展开的书本，相伴的经典，并不能将这些孩子与社会绝缘，总有一天，他们要自己面对人生与社会。但是，在每一日的诵读声里，孩子们用天然的纯净和圣贤进行交流，获得"学与思"的力量，这力量将为他们构筑永恒的精神家园，使他们前行时免于流俗的平庸和卑微。在孩子们日常践行对经典最纯朴的理解里，我们分明能感受到一种久远的历史和文化积淀的力量，在激荡着他们纯净的心灵。

今天每一个小小改变，都会影响孩子们漫长的人生之旅。为了明日的远行，孩子们需要这弥足珍贵的精神食粮。我们庆幸：人生最初的关键几步，有国学的精华，滋养他们的心灵。有多少人在感慨传统文化的丧失。在众声喧哗的时代，相信我们这些读着"人而无信，不知其可也"，念着"先行其言，而后从之"长大的孩子们，终将释放巨大的人格与精神的魅力。

——袁伟铭家长

纸短情长，传递彼此心灵的美好希冀

当国学经典充斥学生的生活和内心后，他们彼此的交流也变得妙不可言。张海宁老师会用小纸条传递她对孩子们的希望。

传译同学因为测验的成绩优异而沾沾自喜，张老师告诉他："满招损，谦受益。"

志向天穹的英豪同学不喜欢值日，张老师提醒他："一屋不扫，何以扫天下？"

好高骛远的俊豪同学收到老师的规劝："合抱之木，生于毫末；九层之台，起于累土；千里之行，始于足下。"

当屡次违反纪律的佳星同学再次被约谈的时候，张老师给他讲了"前事不忘，后事之师"的故事。

就这样，孩子们也喜欢借用国学名言或典故来和老师交流。

高菲要求张老师也要学习他们的长处："三人行，必有我师焉。择其善而从之，其不善者而改之。"

蒋文静会在张老师焦头烂额地准备公开课时鼓励她："精诚所至，金石为开。"

细心的昊鹏会洞察老师暂时的失落而勉励她："失之东隅，收之桑榆。"

第一批学生毕业后的第二年寒假，某天傍晚，张海宁突然接到一个家长的电话，是周良程妈妈打来的。周良程老家在江苏，但随爸爸妈妈在这边生活，每年都会回老家探亲。可是，随着年龄的增长，周良程越来越不喜欢跟着父母回老家了。周妈妈告诉我："张老师，程程最听您的话了，您能不能帮我劝劝他。一是，家里老人好久没见到他了。二是，他自己一个人留在这里，我也不放心。"周妈妈的恳求真诚而又迫切。挂了电话后，张老师开始通过QQ和周良程聊天。她对周良程说的话就是："'树欲静而风不止，子欲养而亲不待。'可能，你觉得回不回老家没有什么，可是对亲人来说，他们可能已经盼了好久了。可能，你认为自己不是他们生命中的主角，可是，你在他们心中一定是唯一。回去吧，回家的旅途可能漫长而无聊，你就帮老师多拍几张沿途的风景。不回去，你可能会留有遗憾。"他欣然答应，周妈妈千恩万谢。从老家回来后，周良程感慨颇多，庆幸自己听取了张老师的劝告。今年中考，如愿考入青州一中后，他在深夜查到成绩后第一个告诉的人就是张海宁老师。几天后，一封神秘的来信也转到了张海宁老师的手中。

敬爱的张老师：

您好！收到这封信你可能惊讶万分，因为前几天我们刚刚相聚过了。但面对那么多同学，面对被同学簇拥的您，有些话我实在说不出口，就用这种浪漫的形式告诉您吧！

张老师，您知道吗？我查到中考成绩后第一个告诉的人就是您。因为您是我人生中最重要的人。

记得四年级时，爸爸因为有事，拜托一位叔叔来接我放学。可是，我们没有走一块，我一气之下就背着书包自己沿着马路往回走。当时也没想到后果，从学校到坦博尔工厂宿舍，我走了整整一个小时。可急坏了您！当时正是初冬时节，寒风刺骨；您蹬着没有电的电动车硬是顺着马路一直寻到我家门口，得知我已经安全到家，您才长舒了一口气。回到家的我被妈妈一顿批评，我委屈地哭了。但我哭更多的是因为内疚。晚上，我用妈妈的手机一连给您发了七个对不起。我记得，每个对不起后面都有一个道歉的原因。我要在这里再说一遍对不起。老师，让您担心了！

您对我的谆谆教诲我一直记在心间。初二那年，我听了您的劝告，跟着爸妈回老家才没有留下遗憾。非常感激您在我毕业离开后还关心着我。

升入新的学校，我一定会好好学习，积极进取，不负您的希望。老师，请您拭目以待吧！

您的学生：周良程

2018年8月26日

当小纸条已经满足不了交流的愿望时，书信这种古老浪漫的形式又成了彼此情感维系的纽带。老师和同学之间，家长和孩子之间，用最真挚的语言表达着彼此的心语。

猪小宝同学：

今天是个值得记录的日子，你，以一名中学生的身份，正式开始了中学生活。与之相对应的，是你告别了六年自在、无忧的小学生活和给予你启蒙教育的小学老师和陪你长大的天真无邪的同学们。从此告别一段时光。今夜，就算是个翻山路途中的垭口，翻过去，就进入人生另一段时光。

微凉的秋天悄然而至，这是个告别的季节。六年前那个刚上小学的猪小宝，那乖萌的模样，婴儿肥的侧脸，对我依依不舍的眼神……——还都在眼前。这又是一个迎新的季节。海宁迎来了慕霖，老师迎来新生，同学们迎来新的更多的同学。

看海宁小妞儿给虐她千遍，仍待你们如"初恋"的"熊孩子"制作的音乐相册，我泪如泉涌。我总是在想：四年前，那个刚毕业的瘦瘦的小妞儿，怀揣着亟待实现的梦想，带着对孩子们满腔的喜爱之情一头扎进这个"熊孩子"窝里。她自己能描述得清楚，究竟付出了多少努力和心血才能和其他老师一道，带着这帮孩子攀上一个又一个高峰吗？小宝，我真替你感恩，你遇到了这么好的老师。每一位老师，都跟你们一样，都如天使一样神圣而美丽。

在很多重要时刻我都会想起龙应台的文字。今夜，浮现在脑海的是这一段：

"我怕你变成画长颈鹿的提摩，不是因为他没钱没名，而是因为他找不到意义。我也要求你读书用功，不是因为我要你跟别人比成就，而是因为，我希望你将来拥有选择的权利，选择有意义、有时间的工作，而不是被迫谋生。当你的工作在你心目中有意义，你就有成就感。当你的工作给你时间，不剥夺你的生活，你就有尊严。成就感和尊严，给你快乐。"

——摘自董欣润妈妈的书信

因为有国学相伴，张海宁与孩子们相处中处处充满着悸动，就算孩子们已经毕业，她与孩子们的联系也从未断绝。

每年暑假，张老师都要和孩子们约好时间再聚首。聚到一块，谈谈心，聊聊天，兴致来了，还要吟咏几首当年背过的诗、诵过的词。

当时一背诗就犯难的贡志翔雀跃地告诉张海宁："张老师，幸亏听了您的话，当初在您的'逼迫'下背了这些诗词，现在上初中学到这些诗词，我都是班里背得最快的！"张老师和其他同学相视一笑。这个"猴精"为了偷懒，当初撒了多少自己都圆不满的谎啊！

那些花儿

时别两年，桃花谢了春红，积雪融了远山，时光太匆匆！频频回首，去细细感受那片笑声，默默想念那些陪我四年、在我生命每个角落静静开着的花儿们，感谢曾经拥有你们的春秋和冬夏……

相见时难别亦难

和你们在一起的日子里，我常常和你们的父母们开玩笑说你们是我的"初恋"，因为网络上流传着一句话："学生虐我千百遍，我待学生如初恋。"而刚踏进三尺讲台的我恰巧遇到了不明世事的你们。于是，我们相处的四年互相"折磨"又彼此依恋。甚至在写这篇文章时，我的眼睛也会莫名其妙地起雾。

于是，在你们毕业前夕，我迫不及待地返回学校想和你们留个影。我清楚地记得，那日，惠风和畅。我走进校门就远远地看到了那棵法国大梧桐树下的你们，即使有比你们更壮硕的如伞大树，即使有灼热的烈日光辉，我首先看到的依旧是你们。不知是谁喊了句："张老师来了！"我想我永远都不会忘记那次如明星般礼遇——你们纷纷跑过来，平时的话痨突然变安静了，我害怕我们之间生疏了！接下来，你们笑了，继而又哭了，惹得我也难以自抑。我们拥抱着，从来没有这么亲近过。我感觉，那是一种失而复得的欣喜和欣慰。

毕业那天，学校举行了隆重的欢送仪式，我没敢到现场。因为我知道自己承受不了那种分别的滋味，即使你们是要飞得更高、走得更远！

一场不散的筵席

世人都说："天下没有不散的筵席。"我想说：心若在，即使万水千山，也阻隔不了我们对彼此的牵挂。你们说呢？

毕业第一年的仲夏，我们相约在熟悉的教室。角角落落都能找着你们的痕迹，都能勾起我们对往事的怀念。见到你们，我开始变得絮絮叨叨，生怕你们会忘记我们一起走过的日子，庆幸的是你们会和我一起回忆。我像一位导游，领着你们走过校园的每一个地方，告诉你们学校的新变化。中午，我们13个人草草吃了一顿饭，心里仍有遗憾，遗憾相聚太短暂！

又一年仲夏，我们再次相聚。我在25个孩子中间倒成了个头最矮的！我成了被呵护的那个！子毅像个绅士一样给我拉开餐椅让我坐下，其余同学都在等我先点菜，帮我夹菜、倒水，心里暖暖的。我静静地听他们天南海北地聊天，偶尔会收获一个个小秘密：谁谁谁有心仪的对象了，谁谁谁表白了，谁谁谁爱情夭折了……然后我们互相狡黠地一笑。结账的时候，你们说好不容易和老师聚一次，还让老师付钱，提议AA制，这样老师可以少一些负担，我心里特别感动。但我告诉他们："你们还没有挣钱，老师不会让你们花钱。以后谁吃不上饭了，都来找我！"于是，我们有了个十年约定——我请你们十年，十年后，按学号请我吃饭，一年一个！文静失望地说："我是41号！那得什么时候？"想想，那时我已垂垂老矣！其实，老师怎会贪求十年后他们还有时间记起我呢！唯愿这十年里，我可以帮他们解开一个个心结！这场筵席在老师心中永远不会散场！

思念是一种病

最怕听到你们不好的消息——和老师闹别扭不去上学了，迷恋电子游戏无法自拔了……我会担心这个挂念那个，想为你们做点儿什么。思念果真是一种病！

其实这次聚会是为你而举办的，很高兴你能克服自己来见我们！你已经大半年没去上学了，一直想找你谈谈，又没有恰当的理由！借由这次聚会，我们俩单独在办公室面对面谈了好久。谈原因，解心结，想未来，说打算……你在我印象中似乎从来都没有这么乖巧过。你说你不想在这个学校上了，但我告诉你："人最大的敌人是自己。在哪里跌倒就要在哪里爬起来！"你也向我做出了承诺：9月3日一定会回学校报到。知道吗？你回家和妈妈说你想去上学后，你妈妈迫不及待地从家里出来给我打电话，话语都是带着哭腔的，我知道这一年来她为你的事焦头烂额、食不甘味、夜不能寐。但愿你不会食言！

我的花儿们，因为路过你们的路，因为苦过你们的苦，所以更加不想让你们重蹈老师的覆辙。

我会告诉情窦初开的你们"还有诗和远方呢！莫让浮云遮望眼"；

我会宽慰遇到挫折的你们"生活不止眼前的苟且。天将降大任于斯人也，必先苦其心志……"；

我希望在这个浮躁奢靡的社会，你们能"安贫乐道"；

我更冀求你们——我的花儿们，不论生活在多么贫瘠的土地上，都能茁壮自信地绽放心田上的百合花！

今后，你们会在不同地方演绎着不同的生活百态，浪迹在世界的不同地方，老师希望你们心里一定要有坚守的准则：做一个孝顺、善良、正直、乐观的人！时间不会让思念淡化，教你们四年，想你们一生！

——张海宁

"草木敷荣，不待丹绿之彩；云雪飘飏，不待铅粉而白。山不待空青而翠，凤不待五色而绛。"而国学经典，只用寥寥数墨，就让人于满纸云烟中见到天上人间的生息吐纳。青山不老，为雪白头；时光不老，因你相伴！愿所有国学堂的学子们怀瑾握瑜，去邂逅国学经典中的一世繁华、倾城颜色！

杨远滨

厚积薄发，旭日蓬勃

杨远滨简介

杨远滨，青州云门书院语文教师。潍坊市立德树人标兵，潍坊市青年党员先锋，青州市优秀共产党员、优秀教育工作者。

杨远滨是一位优秀的青年教师，他用心经营自己的班级，让自己的教育梦想在教室里开花结果。他利用一本小小的"接力日记"沟通了一个大大的世界。早在2013年，他就和孩子们进行户外写作、研学旅行。他每年都开展如亲子诵诗会、亲子运动会等多种多样的亲子活动。他还锐意改革课堂，把"行知天下，读写人生"的班级格言落实到行动中……就这样，在他的努力下，创建了别具一格的特色班级"旭日中队"。

杨远滨心语

印度伟大诗人泰戈尔说："教育的目的应当是向人传送生命的气息。"如果让我说，我心中理想的教育是什么，我想，我创建特色班级不是为了"特色"而"特色"，而是想让我理想的阳光照进现实——把孩子看成是一个个生命的个体，走进他们的内心，倾听他们的呼喊，用生命去感受另一个生命，用生命去滋养另一个生命，用心浇灌，静听花开。

家长感言

美丽的回忆

——写给同样为人父母的你

杨老师让我向班刊《旭日》投一篇稿子，我心中既兴奋又胆怯，毕竟离开大学时代已经很久了。有时心中酝酿了好久的感受，却搜肠刮肚地找不到形容的词句，无法形诸笔端。在杨老师的一再鼓励下，我鼓起勇气拿起久违的纸笔，用饱蘸深情的文字传递芬芳的回忆……

"孩子是父母的全部。"自从自己有了孩子，做了妈妈之后，才真正体会到这句话的含义。看着文瑜从襁褓中的婴儿，到蹒跚学步，到第一次喊"妈妈"，再到现在会读书、写字、弹琴、唱歌……这一幕幕仿佛就在眼前，又在感叹孩子好像一夜之间长大了。回忆到这里，笑容已经爬上了我的嘴角，抚养的辛劳也被满满的幸福代替了。

时间都去哪儿了？有时真希望时钟永驻在那一刻：我会陪女儿在方格本上写下每一个字，我会倾听女儿说的每一句稚嫩的话，我会欣赏她指尖流露的每一个重复的旋律……就让我这样安静地守护在她的身边，直到永远。我想大概所有的妈妈都和我有一样的想法吧！

时光如逝水般不停地流淌。现在，女儿有时向我发点儿脾气，开始闹情绪，我也开始为了她的学习伤脑筋……哎，有时自己真的感到很委屈。用心良苦谁知道？为人父母的我们最有体会吧！再过二十年，回想现在的情形，或许女儿那紧蹙的眉头、撅起的小嘴、涨红的小脸都会成为我温馨的回忆。

童年是最为我们大人挂在嘴边的回忆。我们父母竭尽全力为孩子创造着最优渥的成长环境，就是希望他们能在童年打好基础，就是希望他们将来的路平直、宽阔。我觉得让孩子经受磨砺也是另一种美。文瑜在校学习了一整天，做完家庭作业还要被我喊去练琴，看着女儿那单薄的背影，我有点儿心疼；文瑜体弱多病，有时刚出院就被我赶着恶补落下的功课，看着女儿那瘦弱的身体，我有点儿内疚……但当女儿捧着证书、捧着喜报到我眼前时，我真心替女儿高兴。汗水终究会浇灌出果实。

真心感谢文瑜成长的"旭日中队"，这里有关心她的老师、同学、叔叔、阿姨。去年女儿参加"青州首届古装秀"活动，从我所熟知的到陌生的家长们，从老师到同学们，知道后纷纷投票，真让我感动。借此机会向大家说声"谢谢"。不光是文瑜，班里所有孩子都沐浴在爱的阳光中。咱们"旭日"班的孩子真幸福！

家长们有的给孩子们赠书，有的给孩子们送奖品，有的帮助班级做义工，还有的带领孩子们搞课外活动……多么和谐的场景。一个孩子长口疮了，牵动着好多热心家长的心；一个孩子住院了，好多家长都去探望；一个孩子学习落后了，好几个家长聚在一起分析原因；一个孩子取得了好成绩，班级群里家长都一起高兴……多么温馨的场面。我为女儿能生活在这么一个团结、温馨的班集体而感到骄傲！

生活在这个优秀的班集体里，我们感到了不一样的精彩。课堂上，孩子们轮流主持点评"接力日记"，积累语言、增长知识，孩子们就是课堂的主人；周末、假期，老师还经常组织户外活动，如写秋天，观察动物，登山体验等，还有我最喜欢的亲子活动……啊，连我都好想回到童年，当一名"旭日中队"的学生。

美好的旅程才刚刚开始，因为孩子，我们大家成为朋友。其实，我们更像一家人！想想未来，我们有更多的憧憬，更美好的期待。

我不是诗人，不能用华丽的语言描述自己的心情；我不是作家，不会用曲折的故事催人泪下。我只是一位母亲，如同"旭日"班里其余的四十位妈妈一样，我们会一起用爱的双手托起明天的太阳。

——杨文瑜妈妈　李惠青

厚积薄发，旭日蓬勃

"行知天下，读写人生；厚积薄发，旭日蓬勃。"这是"旭日中队"的班级格言，也是杨远滨的教育理想。他坚守这颗理想的种子，六年如一日用心耕耘在"旭日中队"这块土地上，使每一粒种子生根发芽、开花结果……

——题记

一本日记，开启一段美好的旅程

自2013年起，杨远滨老师开始用"接力日记"打造自己有生命的语文课堂，让语文课堂绽放着生命的光彩，因此也逐渐创建起独具特色的"旭日中队"。

1. "接力日记"的初衷

众所周知，"读写"在语文课程中十分重要。《新课标》要求从一二年级开始培养学生"对写话有兴趣，写自己想说的话"。回顾我们的课堂，缺少的就是让学生动笔写句子、写段落的积累运用过程，而仅仅期待凭借每学期的8次作文课来提高学生的作文水平是不切实际的。由此可见，让学生动笔写一写十分必要。杨老师的学生从上二年级开始写接力日记至今，取得了不错的效果。

语文的积累主要是从阅读中得来的，写作是积累的运用，如果让学生感到"写，然后知不足"，由写倒逼着学生养成良好的阅读习惯即"由写促读、由读助写"这样的良性循环，杨老师坚信他们班的作文课将不再是老大难问题。

教育就是要唤醒。当今社会，家庭教育的重要性日益凸显，孩子的教育成功与否，很大程度上取决于家长的参与程度，所以唤醒家长的教育意识也是我们教师的一份责任，然而多数家长对孩子的教育比较粗放。比如，对于家庭作业签字，学长们也只是签个名而已，没有深入孩子的教育活动中。杨老师想通过"接力日记"的方式，让家长能够参与到孩子的学习中来，家长通过写接力评语的形式能够直观地和其他家长、学生进行交流沟通，且在其中比不足找差距，真正关心孩子，参与到教育中来。

杨老师在班级文化建设中，根据自身特长选准了切入点，从一点辐射全局，把"接力日记"打造成创建特色班级的"总抓手"。

2."接力日记"的使用

科学分配小组成员。接力日记，顾名思义就是轮流写日记。杨老师的班级中当时有41人。他把同学们分成8个小组，每个组有5人左右。每个小组按照学力的不同合理分配人员，即每个小组都由学优生、学困生混合组成，这样做是为了比学赶帮的需要，也是为了使评价更加公平。各小组中的一名同学第一天写，杨老师第二天看日记，然后类推。这样，杨老师每天看8本日记本就可以了，工作量不大，效果还很好，尤其是家长加入接力评价之后，杨老师的负担就更轻了。一个小组成员轮流写完之后，要和其他小组的日记进行交换，这样他们班两个月就能完成一次全班范围内的日记交流。

日记写完还要评价，评价的主体由教师和家长的书面评语以及学生的口头评价组成。

教师评价。接力日记的书面评价分为两部分：一是教师评价，一是家长评价。在接力日记刚开始运转的时候，杨老师对这8本日记都要认真地批阅，从书写到用词，从句子到段落，都给学生做详细地批阅。随着家长被唤醒程度的深入，杨老师的这部分职能渐渐弱化，家长开始一板一眼地对自己孩子的日记进行评价。家长参与教育，效果更好。

家长评价。杨老师班级的"接力日记"进行到从教师评价到家长评价的转变，才真正让接力日记有了生命力。高质量的日记就在被唤醒的家长的监督、指导下一篇篇地写了出来。评价主体由教师向家长倾斜，这一唤醒过程，杨老师用了将近半个学期。这一过程是烦琐的、复杂的、费心费力的，但是一旦家长的潜力被激发出来，老师也就轻松了许多，学生也真正向着习惯养成的方向努力，家校携手就能培育出更美的花朵。

学生评价。学生评价在评价体系中是最重要的。每日语文课前五分钟左右是"旭日中队"雷打不动的"接力日记"评价时刻。杨老师说他很享受这样的课堂——没有批评、没有呵斥、不必过多地强调课上纪律。杨老师也是学生中间的一员，平等地坐在座位上等着小主持人点他起来发言。学生们自主对前一天得了两朵小红花（优秀级别）的日记进行点评，每个学生都会涨红着小脸，高举着小手，回答自己听到的好词佳句。当孩子们对文中某个词、某个句子进行你来我往的订正时，他们似乎忘记了杨老师的存在，而杨老师也陶醉其中。印度伟大诗人泰戈尔曾经说过："教育的目的应当是向人传送生命的气息。"我想，这种状态的课堂就可以称之为"生命的课堂"。讲评的过程中，孩子们会评出当日的写作之星、朗读之星、评价之星，学生们要自己在班级量化考核表格内进行分数量化。

《新课标》指出：语文学科的特点决定了语文学习不应该刻意追求系统性、完整性。所以我们不要认为只有学习教材才是学语文。让学生时刻都处在潜移默化的语文学习中，是学习语文的要求。讲评日记的过程就是学生习得语言的过程，就是训练口语交际的舞台，杨老师用一本"接力日记"让孩子乐在其中、学在其中。

3. "接力日记"的激励措施

评价，特别是激励性评价在小学生的成长中起着非常重要的作用。"旭日中队"的评价措施简单地讲就是"四个一"：

每天日记一讲评。每天由小主持人主持前一天接力日记的讲评活动。即先由得到两朵小红花的同学朗读他（她）写的日记，再由学生谈谈自己听到的好词佳句，说说文章结构，然后学生开始修改不足之处，最后评选当日的朗读之星、写作之星、评价之星等等。

每周美文一网评。微信这一自媒体的应用在今天算不得什么新鲜事，但在2012年杨老师把微信群运用成评价的工具，还是挺前卫的。杨老师会把一周得两朵小红花的日记拍下来发到微信群里，家长就会对这些优秀的日记进行点评、欣赏。这些优秀的日记和精彩的家长点评为其他孩子树立了标杆，为家长提供了借鉴学习的机会。一周结束，每到周五都要评选优胜小组，冠军队伍都会得到一份小礼物，家长捐赠的小礼物就成了激励孩子们成长的奖品，有时是一个本子，有时是一块橡皮、一支铅笔。礼物虽轻，但孩子们那种人人为小组争荣誉的热情就会被激发出来，团结合作、不甘人后、人人争当冠军的班风蔚然形成。

每月佳作一上墙。杨老师把一月中学生的精品文章用相纸打印出来，放到亚克力板制作的班级文化框内，供大家学习、品评。下课后，孩子们在文化墙前讨论同学们习作的场景，深深地留在老师的脑海里。班级课下纪律好了，学生变得彬彬有礼……

每年一本书。杨老师的班级有自己的班级刊物《旭日》。杨老师说，编辑《旭日》的初衷是想给孩子们留下一份美好的童年回忆，然而它的激励作用又出乎杨老师的预料。2013年9月10日，当杨老师把家长赞助印刷的班刊《旭日》发给同学们的时候，孩子们高兴地蹦啊跳啊。"我成小作家了！我成小作家了！"呼喊声此起彼伏，家长在次日的留言中也是热情洋溢，有三位家长竟给杨老师写来了感谢信。

孩子的热情、家长的激情就在这一次次的激励活动中被点燃，杨老师也一次次地感受到做教师的职业幸福。

4. "接力日记"的写作素材

学习语文学什么？于永正老师曾讲过："学习语文就是要学习语言，积累语言，运用语言，这才是学习语文的本真。"杨老师所在的二年级语文学科组，在每周一集体研讨的时候都把该单元的语言训练点当作一项研讨任务。把语言训练点作为接力日记的写作素材是一项重要内容。仿写、扩写、续写等多种形式的训练，扎实有效。

叶圣陶说："天地阅览室，万物皆书卷。"语文的课堂不应该局限于某一时间、某一空间。《新课标》也指出，应该多种途径学语文。在这一主旨思想下，"旭日中队"开展了多姿多彩的户外主题活动。

2013年9月20日，走进云门山花园。描写美丽的秋天，拉开了他们活动的序幕。此后，杨老师和同学们先后去了博物馆、范公亭、井塘古村、曲阜"三孔"、日照茶园等地，孩子们不但写出了精彩的游记，还体验到了大自然的美好。这些活动，拉近了师生距离，密切了家校关系。2014年暑假伊始，"旭日中队"的家委会为了磨炼孩子的意志，强健孩子的体魄，组织当时上二年级的学生登云门山。每天6点准时从云门山脚下出发，天天爬，少则五六人，多则十几人，学生从不同角度写云门山，丰富了自己的写作素材。一个暑假下来，写文章最多的学生竟然写了42篇。从2013年到2018年五年来，杨老师初心不改，始终用行动践行着"行知天下，读写人生"的班级格言。

5. "接力日记"的效果

学生语文素养的不断提升。学生借助"接力日记"这一平台，每天积累好词佳句，写话能力显著提高。学生变得爱阅读了，三年级的魏子恒已读完儿童版的四大名著，吴青宁已经读完难度较大的曹文轩的绝大多数作品。杨老师班的小诗人孙其昕的两本专著《昕语》（一年级）、《昕路》（二年级）相继印刷出版。

利用接力日记评价这一平台，学生找到了自信，提高了口语表达能力。小解说员杨文瑜由原来害羞胆小变得侃侃而谈，每次校外考察团到我们班参观，她都能得到与会者的交口称赞。《潍坊教育》《中国教育报》也对"旭日中队"的"接力日记"特色班级文化进行了报道。在"旭日中队"，以"接力日记"为依托的班级文化建设正如春风化雨般无声地润泽着每一个人。

杨老师在做"接力日记"时，特别强调以下几点注意事项：

一要去除急功近利心理。刚开始写接力日记时，只要学生做到杨老师留在接力日记本扉页上的三点基本要求就行。写好每一个字；写通顺每一句话；拿到接力日记的同学能坚持写日记。然后再慢慢提高对学生的要求。

二要记住家长是班主任做好工作的保障。对于家长只能唤醒，不能强求。

三要记住坚持。把一件平凡的事做扎实，再平凡的事也会变得伟大。

一盆文竹，触发一段温馨的回忆

2014年年末的一次值班，杨老师的目光落到一盆文竹上，这是贾传昇从家里带来寄养在学校的一盆绿色植物。它没有惹人瞩目的花朵和芬芳扑鼻的香气，也没有遒劲环绕的根枝和妖娆多姿的叶子，它甚至有些孱弱——细细的茎、极小的叶子，给人弱不禁风的感觉。衬着那久未浇水而龟裂的土，它那刺眼的绿，却展示着生命力的顽强！是啊，其他许多植物都需要喝饱水，不然就会耷拉脑袋，文竹不必单独精心地侍弄；其他花草经历过严寒后会变得颓靡，文竹依旧绿得刺人魂魄。

这是杨老师班里贾传昇同学的文竹。

提到贾传昇，老师和同学们不会把他和"学习标兵"联系在一起。他在学习上有一些吃力，上课很少举手发言，几乎没收到过喜报，他默默无闻，却是个心地善良的孩子，他像文竹一样，默默地生长着。

2014年5月的一天，贾传昇跑到杨老师的办公室。

"老师，我想和你说件事。"他有点紧张，表达有点儿不够流利。

"什么事？贾传昇。"杨老师问。

"我想给大家捐一本书。"说完，他有点儿手足无措，小手在身体两边不停地搓着衣角。"捐书？"杨老师心里先是一阵喜悦，但接着又是疑虑。

喜悦的是，同学们又可以有一本新的课外书读了。接手这个班之后，杨老师日思夜寐的是让孩子们早早地养成课外阅读的好习惯，然而如果让学生自己去读，而不加以指导和评价，效果其实并不是很好。小学低年级阶段最好的阅读方法是亲子阅读、师生共读。师生共读就需要读同一本课外书，正好贾传昇要为大家捐一本书，实在太好啦！以前是家长捐赠书籍，现在捐赠的主体换成了学生，这不是爱的流淌、爱的传递吗？

疑虑的是，贾传昇同学是不是要跟风，因为前面有一位爱心妈妈为每一位同学带来了一本《兔子坡》，为"旭日中队"做贡献可不能攀比。

"是你妈妈要你捐的吗？"

"不是，是我自己要捐！"贾传昇的小脸急得有点儿红。

"贾传昇，我能理解你为班级做贡献的心情，但是咱不能看见别人为大家捐赠书籍，咱就非得捐书！"杨老师耐心地劝说。

"老师，我用我的压岁钱捐！不用我妈妈的钱……"

当时，杨老师真想给他一个大大的拥抱。多好的孩子啊！当其他孩子还在用压岁钱买吃、买喝、买玩具的时候，贾传昇却用自己攒起来的压岁钱给同班同学买书！

"贾传昇，你太让我感动了！我要在全班同学面前表扬你！"杨老师激动地说。

"不用，不用！"贾传昇边连连摆手，边要往办公室外跑。

"别，别走！我先给你照张相。"杨老师急忙说。于是在老师的强烈要求下，这位不为出名，只为给班级做力所能及贡献的贾传昇同学，才勉强同意拍下一张略带羞涩的照片。

事后，杨老师拨通了贾传昇妈妈的电话，把贾传昇想为班级捐赠书籍的事情和她交流。他妈妈为儿子能有这样的爱心而骄傲。妈妈也十分支持儿子这种公益行为。在学期中的一次家长会上，杨远滨老师以"真想给他一个大大的拥抱"为题表扬了贾传昇的行为，贾传昇妈妈脸上洋溢着幸福的笑容。

2014年5月23日发书那天，贾传昇在大家的掌声中走上讲台，亲手将44本透着馨香的《小鹿斑比》发到了每一位同学手中。讲台上的他好像突然间自信了很多，懂事了很多，长大了很多。

"希望你好好读书。""希望你爱上阅读。"每发一本书他都会说上一句暖暖的叮嘱，也会赢来同学们的阵阵掌声。"谢谢。""谢谢你，贾传昇。"领到新书的同学欢心愉悦地开始阅读。

这种温馨、感人的场面真好！

杨老师在发书仪式结束之后，动情地说："孩子们，爱心家长为我们捐赠书籍，你们当中的同学也在接力着爱心，这真令人感动！我们'旭日中队'每天都被爱包围着，捐赠图书的爱心家长和同学不需要回报，他们的愿望就是希望大家好好读书，做个爱阅读的孩子，这就是对他们最大的回报！"

"赠人玫瑰，手有余香；爱心图书，伴我成长。"这是杨老师经常对孩子们讲的一句话。

在书香的浸润下，在爱的呵护中，孩子们每天都在成长，贾传昇也在一步一步地进步。那次期末测评，贾传昇的学业水平为全优，取得了巨大进步！

杨老师的目光又落到了那盆文竹上，它在这一堆花草中显得那么不起眼，那么默默无闻。但干旱动摇不了它的翠，贫瘠奈何不了它的绿。它是那么坚强、执着，我要好好呵护它，让它茁壮成长！

啊！感动，爱在"旭日"间流淌……

"接力日记"改变了学生，改变了家长。自从2013年9月杨锦涛的家长捐赠图书角第一批图书以来，截至2018年6月，杨老师班级的爱心图书角已经接受家长捐赠30余套、价值一万六千余元的图书。捐赠者当中有班里的同学，有孩子的父母，甚至还有像张家豪的奶奶一样六十多岁的长者。每当有赠书仪式时，杨老师都会把家长请到课堂，让他们从家长的角度阐述读书的意义，以及家长的期待……让孩子们更加热爱阅读，懂得感恩，懂得赠人玫瑰，手有余香。家委会成员李翠的家更是成了我们班的校外图书站，班里的孩子们谁都可以把读过的图书放在那里进行交流，谁都可以在那里借书，表现好的还可以获得赠书，李翠也被家长亲切地称为"民间班主任"。有的家长全额赞助班刊《旭日》的印刷；还有很多家长为我们的班级购买了小奖品，光是"接力日记"本就有五六位家长购买了，摞在那里很厚的一大摞。杨老师把其中的一部分捐给了结对子班级，希望把这份爱的温度传递下去。围绕"接力日记"发生的感人故事还有很多很多，我觉得这是生命教育开出的迷人花朵。

一次诗会，剪辑一场动人的故事

诗歌是文学天空中最亮的那颗星星。"接力日记"中有一个板块是写儿童诗。既然孩子们会写诗，何不举办一场亲子诵诗会？"旭日中队"的元旦活动方案一公布，有的家长直摆手——我们哪会写诗；我上台就打哆嗦；我不会普通话……听了这些，杨老师才真正意识到，以前的很多活动都是在一个层次徘徊。所以杨老师决心已定，一定要通过精品活动提高家长的认知水平。诵诗会不但要办，还要办好。就半个月的准备时间。2016年1月1日下午1点，在阶梯教室举办的新年诵诗会如期举行。有家庭合诵，有母子对话，有心灵独白，形式多种多样。《孩子，妈妈为什么打你》《十二年的小脚丫》《我的警察妈妈》等内容丰富多彩。听着那一篇篇原创的诗歌在耳际流淌；看着那一幕幕感人的故事在三尺讲台演绎，杨老师感觉到孩子们和家长们的潜力真是无限大！

1. 一个47分钟的电话

"今天我能来参加这个活动，非常高兴。实在是太惭愧，我很少参加孩子的班级活动。每次班级组织集体游玩，我总说车间实在离不开妈妈，等下一次，妈妈一定和你参加。而懂事的你，每次都故作轻松地说：'没事，妈妈，我本来也不是很想参加，也没啥好玩的。'可是当你捧着手机查看同学家长发来的照片时，不由自主地流露出羡慕，妈妈很心疼、很自责……"

"妈妈，我知道你很无奈。身在社会不自由，你实在是抽不出时间，实在太忙了。我理解妈妈，车间工作实在是忙。在你休假陪我的半天里，车间打来的电话都快把你的手机打爆了。"

台上深情朗诵的是叶露母女，虽然她的妈妈普通话不太好，但是她们母女之间那感人的故事感动着在场的每一个人。叶露家庭仅仅准备了三天半的时间就给大家呈现了这么精彩的故事，实在让杨老师吃惊不小，因为这背后还有着不为大家所知的故事。

叶露同学是2014年9月从东营转入我们学校的。她的爸爸、妈妈是青州一家橡胶公司的业务骨干，因无暇照顾叶露只能让孩子住校。元旦节前的一个周五，恰好是圣诞节，也是叶露等住校生的回家周，晚上大家在班级微信群里互祝节日快乐并热烈地讨论着元旦节目，毕竟这次诗会是邀请全体家庭参与，有的家长是第一次登台，所以有些兴奋又有些忐忑。

这时，杨老师班级微信的一个小组群里突然爆出了"不和谐"的音符，"叶露不参加了！""死活不参加啦！""她要把我气死了，气得我要疯掉了！"看着叶露妈妈在群里的发言，杨老师感到很惊诧。放学时，叶露还好好的啊，对参加诗朗诵还很期待，怎么突然"变天"了呢？家委会也着急地询问叶露老师情况。杨老师带着满腹的问号拨通了叶露妈妈的电话。电话那头的叶露妈妈一张嘴就是满腹委屈，她用微微发颤的声音向老师诉说："公司的同事都夸我为人热情、乐于助人，领导都表扬我以公司为家、任劳任怨。周末我再累也督促叶露做家庭作业，她怎么这样不懂事，还闹着要离家出走，有次真的走了，幸好被同楼的同事看见了，拦了下来。"外表文静又懂礼貌的叶露竟然有如此叛逆的一面，杨老师打断了她的诉说："叶露妈妈，孩子就像一张白纸，我们养育孩子可不能抱着图什么回报的心理，我们要参与孩子生命成长的历程，去倾听她的内心世界。您在公司里是劳动模范，但您反思一下自己，是不是对孩子缺少陪伴呢？叶露住校，相比其他孩子来说，得到的亲情本来就少，再加上您周末还很忙，没时间陪孩子参加班级活动。她的心里是不是产生了抵触心理，想用自己的叛逆行为引起您的注意呢？叶露在学校是一名非常爱劳动、爱学习、讲卫生、懂礼貌的孩子，一定是我们大人在教育方式上出了问题。""杨老师，您这么说，我倒是想起我们楼下那位和叶露一般大小的孩子，他父母是厂里的一般职工，薪水不高，但是人家天天陪孩子一起游戏，一起做作业，他们的小孩很乖也非常优秀。"家长和老师聊了很久，很久……末了杨老师对叶露妈妈说："现在您的任务是放下手机，不要居高临下，而要和孩子心平气和地谈一谈，让女儿知道你的内心，也让您更好地了解孩子的想法。您完全可以以这次诗朗诵为机会，把心里话向女儿倾诉。"

挂掉电话，通话时长47分钟。

元旦，听了叶露母女的诗朗诵《有家就有爱》，内心翻涌着感动和欣慰。我觉得杨老师的班级文化建设解开了这对母女的心结。

2. 两个检查员给我的惊喜

"旭日中队"的王晨旭，很是叛逆；房子翔，超级内向。

四年级时，学校选纪律卫生校级检查员。这个荣誉在孩子们的眼里不亚于我们大人眼中的奥运冠军。当然，检查员应该是由各个方面都比较优秀的同学来担当。选谁呢？杨老师有些为难。孙其昕？魏子恒？他俩在学校已是小有名气。李泽楷？杨文瑜？他俩表现也相当不错。斟酌来、斟酌去，杨老师决定选王晨旭和房子翔。不是一时冲动，而是反复思考的决定，杨远滨老师始终觉得他俩只是缺少一个舞台，现在就给他俩这个舞台，让他俩展开自信的翅膀去翱翔。

当杨老师宣布他俩是校级检查员的时候，全体同学都目瞪口呆，他俩似乎也不敢相信自己的耳朵，直到老师重复第二遍的时候，王晨旭才激动地用力挥舞了一下小拳头，房子翔的脸激动得通红，害羞地低下了头。杨老师心里默默祈祷：让自信的种子在他俩的心底萌发吧！

王晨旭在课堂上的表现可不能和这个小男孩白白净净的外表画等号。"老师，你布置这么多作业叫我怎么做呀？"就几道笔算题，他也嫌多，而且敢公然在课堂上和老师叫板儿。"老师，我不会。老师，我不会。不会、不会、就不会。"英语课上，他像念紧箍咒一样地重复他的老台词。如果他不爱听了就趴在桌子上，懒洋洋地无言地反抗着老师。

"放学了，您用电动车载我回到小屋，顾不上休息就急急忙忙地为我煮饭、煲汤。我偶尔为您捶捶背，您就感动得泪湿眼眶……"王晨旭面对众人背诵这么长的诗篇，他竟脱稿背诵！要知道以前让他背诵点儿东西有多难！诗歌以春夏秋冬四时为序娓娓道来，感人至深！结束之后，杨老师让王晨旭把朗诵稿发到邮箱才发现，底稿本来是他和母亲合诵，后来不知什么原因换成了他和父亲合诵。从和他妈妈平时的交流中，杨老师得知他的爸爸平时陪伴孩子较少，和孩子沟通也很少，这次父亲能参与到活动中来，朗诵出对儿子的心声，真好！做出改变的不仅仅是孩子，还有他的爸爸。

王晨旭自从当上检查员之后兢兢业业、忠于职守，责任心、自信心也渐渐增强，上课腰板慢慢挺了起来，小手开始举了起来，作业开始工整起来……经过那次诗会，杨老师期待他有更大的改变！

房子翔，一个非常内向、胆小的男孩子。记得11月份的演讲主题是《我的成长故事》，轮到他时，他在讲台上只字不出。无论是杨老师的表扬鼓励，还是同学们的鼓掌加油，他都是低着头一言不发。杨老师课下找他谈心，他也是一言不发。杨老师问："准备一个晚上，明天你能上台讲给大家听吗？"他点点头走了。第二天，他在台上依旧一言不发。杨老师又对房子翔说："明天你能把你写的故事念给大家听吗？"他点点头表示可以。到了第三天，依旧是一言不发。催急了，他就开始抽泣、落泪……

她的妈妈是一位非常注重家庭教育的妈妈，于是杨老师就让他的妈妈帮他练习演讲。房子翔守着自己的妈妈还勉勉强强能演讲。他妈妈又带他去家委会主席李翠家练习，面对别人他就不敢说话了。杨老师始终觉得花期不同，孩子们的成长所需要的时间也不相同，要有足够的时间、足够的耐心慢慢等待。说归说，真正到元旦朗诵那天，杨老师还是很担心房子翔上台后的表现，毕竟是当着全体同学和家长的面朗诵啊。不要说孩子了，就是大人也会紧张的。

房子翔登台了！母子同台朗诵，杨老师的心一下子悬到了嗓子眼。朗诵的内容杨老师已经记不清楚了，或者没有必要记得清楚了，孩子只需能够登台朗诵出来就是成功。尽管他的朗诵节奏掌握得不是很好，尽管他越到后来声音越是颤抖，尽管他的声音不太洪亮，但他已经勇敢地迈出了一大步！朗诵完毕，转身谢幕的一刹那，杨老师看见她妈妈脸上满是笑容，这笑容是激动、是欣慰、是骄傲、是感恩……一直甜到我们每一个人的心里。

在期末考试中，房子翔的进步巨大。寒假里，小组组长反馈寒假作业情况，房子翔的表现也很优秀。这是自信的种子开始萌发啦！

杨老师很欣喜当初的决定，他俩也慢慢地开始用行动回报老师的信任。耐心等待，学会欣赏，再长的严冬过后也会是春暖花开。

3. 一个人的舞台

豪豪（化名）一个人在舞台上朗诵《我的妈妈》。其他人都是一个家庭上台，而他是一个人。看着他那孤独的小身影，我的心里酸酸的。

时光闪回到元旦节一周前的一天晚上，豪豪妈妈给杨老师发了一条长长的微信，内容大致是：班里的一个同学和豪豪发生了矛盾，那位同学嘲笑豪豪的爸爸是个瘸子，妈妈的脸上满是疤痕，是个丑八怪。为了不再让儿子难堪，她决定不登台了……杨老师劝她，小孩子有口无心，不要介意。到时候你一定来，她勉强答应了。可是元旦这天她仍旧没登台。这里先来说说豪豪家庭的故事。豪豪妈妈的脸被严重烧伤过，害怕见人，更害怕别人说豪豪有这么一个妈妈。春夏秋冬她都用一顶太阳帽遮着脸，豪豪爸爸也是一名先天性婴儿瘫患者，豪豪的故事多么令人心疼。

　　平时杨老师和她妈妈的交流都是在电话和"接力日记"的评语中，真是"只闻其声，不见其人"。

　　第一次见面是一年级开学，她来学校送孩子，在宿舍楼前的甬路上偶遇。天真可爱的豪豪拉着妈妈的手喊："妈妈、妈妈，你看，那是我们杨老师！"杨老师顺着声音望去，只见一个中年妇女拉着豪豪，在杨老师和她目光交汇的一刹那，她迅速地把头扭向一旁，头发也顺势把脸全盖起来，但杨老师还是瞥见了她的脸，说实在的，她脸上密密的疤痕还是让杨老师吃了一惊。她没和杨老师打招呼，拖着孩子急急地走开了。

　　第二次见面是在一年后的东夷文化园。不经意间，杨老师看见她用车子载着豪豪，从远处过来。为了避免尴尬，杨老师就往前挪了挪位置，让她好从自己身后这条必经的小路上过去。走近了，她突然认出了杨老师的身影，为了迅速地离开，她骑得飞快，在小路尽头的几级台阶上她都没有下车，甚至没有刹车就径直冲了下去。当时，杨老师的心里真不是滋味。他想，豪豪那么淘气，有时屡教不改，可能就与他的家庭有关系吧。杨老师心里想着，应该通过班级文化建设让这位母亲信任"旭日中队"，希望通过改变家长来改变孩子。于是杨老师、家委会和豪豪妈妈之间利用"接力日记"评语和微信平台展开了交流和沟通。

　　第三次见面是2015年春天的一个周末，在云门山植物园手工轧制风筝。杨老师远远地就看见她在一个角落里，本想避开她的目光，不曾想她竟主动微笑着和杨老师打了一个招呼。杨老师那一刻真的很激动，他知道她心中的壁垒在慢慢打破、坚冰在悄悄消融。以前都是豪豪的姐姐带豪豪参加活动的。尽管那天她在一个角落里，尽管她只是给儿子照了一张背影照，但她勇敢地来了，一种被信任感油然在杨老师心间升起。"旭日中队"都是一家人，此时此刻，多么真实，多么贴切！

　　活动结束后，杨老师给她发了一条微信：今天你勇敢地迈出了第一步，真棒！

　　她回微信：五年了，我从来没有像今天一样在阳光下开心地笑。感谢老师，感谢大家，感谢"旭日中队"所有关心我的人。

　　入夏，"旭日中队"举行了一场亲子运动会。所有项目都是自愿报名，每个家庭既可以报萝卜蹲，也可以报踩石过河，还可以报绑腿跑，都是自由选择。其中有一个比赛项目叫作"摸脸辨父母"，豪豪妈妈和孩子竟然报了这个项目，真是让我吃惊不小！当众摸脸——这对她来说是多么敏感的一个动作，她要战胜多少思想顾虑，她要有多大勇气才会选择这个项目呀！尽管在活动过程中，她还是有些下意识低头的动作，但是她的勇气和对"旭日中队"的信任已经无须多言。为了让孩子更安心地学习，她在学校北边租了一套房子，让豪豪在那里午休，她每天就这么在乡下和城里奔波着，累并快乐着，因为她背后有一个温馨的港湾——"旭日中队"。豪豪也渐渐变得懂事，学习成绩在班级名列前茅。回想2015年夏初那场亲子运动会，她那自信的神情犹历历在目，可诵诗会那天她内心还是顾虑重重。由此，杨老师想到了教育的反复性。

当豪豪朗诵完，杨老师走上台深情地对大家说："打断一下大家。请允许我把自己的一点儿感受分享给大家。今天，孩子一个人在台上朗诵，最心疼的人是谁？是他的妈妈呀！别人的孩子都是父母陪着上台表演，难道妈妈心里不想吗？天下没有不爱自己孩子的妈妈呀！孩子们，去年圣诞，当你们戴着圣诞礼物——班帽，高兴地蹦蹦跳跳的时候，你们有没有想过谁是圣诞老人？今年圣诞，当你们来到教室伸手摸向桌洞时，你们有没有想过谁是圣诞老人？家长们，你们有没有想过，这位年近五十、白天回农村老家照顾老人、晚上回出租屋的农村妇女——你们的组长，在租住的房子里没有网线，不会用拼音，她是如何兢兢业业、任劳任怨地给小组看拓展作业的呢？有时为了纠正一个组员的错误，早晨六点多钟她就要再督促一遍家长，这种舍小家为大家的心灵难道不美吗？她心里不但装着自己的孩子，更装着大家的孩子，难道这种精神不伟大吗？"当杨老师说到这里的时候，大家异口同声地喊"美""伟大"！那个场面真是让人热血沸腾。杨老师请豪豪的妈妈登台和自己最亲爱的儿子合影。在会场全体人员雷鸣般的掌声中，她自信地走上讲台搂着自己的儿子来了一张大方、美丽的合影。杨老师相信，这场诗会之后，豪豪的心，豪豪妈妈的心，又会强大很多很多。事后，好几个家长跟杨老师说，他们被杨老师的演讲感动得落了泪。其实，不是杨老师的演讲稿写得多好，而是"旭日中队"发生的故事感人肺腑！

杨老师说，那次的元旦诵诗会上还有很多个镜头让他难忘。

吴青宁的爸爸用蹩脚的普通话朗诵道："经过一上午焦急的等待，当我看着白衣天使抱着你从产房门口缓缓地向我走来时，我迫不及待地跑上前，双手接过小小的你，你那黑溜溜的大眼睛直直地瞪着我，我的心醉了！"

吴青宁："亲爱的爸爸，虽然您平时陪我的时间少，但您对我的爱并不比妈妈少啊！妈妈曾经告诉我，我三个月大时，由于洗澡时屁股被烫了一个大水泡，不能躺着睡觉，您就用您那瘦弱却有力的臂膀端着已经十七八斤的我睡了七个晚上，这份爱是多么深沉啊……"

张浩伟："我的妈妈是一名警察，因为加班经常很晚回家，也不能按时接我放学；我的妈妈是一名警察，因为经常出差，她不能陪我一起玩耍。我有时候在想，是妈妈不爱我了吗？"

张浩伟妈妈："孩子，妈妈的工作很特别，因为妈妈是一名警察。你也知道，'有困难就找警察叔叔和阿姨'。妈妈要经常加班，所以回家就晚。孩子，妈妈的工作很忙，因为要值班巡逻、维护治安，有时还需要去危险的地方蹲守抓坏人。我们的工作就是守护一方平安，为万家团圆。孩子，请你理解妈妈！"

一场诗会，一次升华。父母走进了孩子的内心，孩子了解了父母的用心。杨老师也从中收获了感动，收获了信任。

一种精神，锻造一个魅力的班级

当初杨老师把特色班级的名称定为"旭日"，就是希望孩子们有旭日的精神。自从特色班级创建以来，他每年下学期的第一个周末都会带领孩子们在云门之巅的"迎旭"门感受旭日带给他们的感受。2017年的一次班队会公开课，杨老师以"旭日中队"的文化提炼总结为主题展开，最后提炼总结出的"旭日精神"为："自信、坚持、奉献"——太阳每天都要蓬勃升起，从不因为自己朴素、无华的外形而妄自菲薄，所以它是自信的；一年有365天，就有365个日出，年复一年，日复一日，亘古不变，抱朴守拙，脚踏实地，所以它是坚持的；太阳无私地洒下光和热，哺育万物生长，从不求回报，所以它是奉献的。于是"旭日中队"将这三个词、六个字写进座右铭，融入行动中。

1. 自信
2017年下半年开学，"旭日中队"班级"梦想秀"展示的内容是健身操表演，杨老师选了充满活力、热烈热情的健身操表演，在昂扬的曲调中，那矫健的步伐，如沐春风的笑脸，正是"旭日精神"所体现的蓬勃。学校生活应当是快乐的，我们教育者也应该给予孩子快乐的种子、快乐的钥匙，让每一个孩子的梦想飞翔。在台上的两个孩子，一个叫付瑜良，一个叫高新奇，说实在的，这两个孩子学习成绩都不好，但是他们在学校里怎么才能找到自信，找到蓬勃向上的动力？就是我们给他们一个属于自己的舞台。两个人从8岁练到10岁，每个周末的清晨5：30，付瑜良和高新奇带动我们班的十几个同学，准时在宋城广场跳起这朝气蓬勃的健身操。他俩是青州市红袖健身队主力，后来还成了红袖健身队的领队，在2017年6月20日潍坊广场舞大赛中，一举夺得冠军！

在临近展示时，高新奇的妈妈曾给杨老师打过电话，说别让孩子展示了吧，孩子学习成绩又不好，会不会给班级丢脸？杨老师告诉他什么是学校教育，选择我们学校就是选择了塑造孩子健全的人格——一个阳光的心态，一个自信的人生比什么都重要。他就需要这个舞台。他俩尤其是高新奇，每天都笑呵呵地在学校生活，帮同学打扫卫生区，在教室值日，去参加演讲比赛……付瑜良还争当学校纪律检查员，很阳光。"旭日中队"还有七八个同学也受他们的感染，加入了健身的队伍，不管酷暑还是严寒，冬练三九，夏练三伏，这些孩子真是了不起。我真是为孩子们这种蓬勃向上、阳光自信的心态点赞。

谈到云门山旭日迎旭，杨老师和他的孩子们已经坚持了四年。在2016年的登山活动中，有开车近30公里来参加活动的刚转学的叶露一家；有儿子生病爬不了山，妈妈代替他参加集体活动的房子翔妈妈；有早晨五点就为大家当探路先锋的李泽楷一家……真是令人感动。那年的登山活动，杨老师得了重感冒，一点劲儿也没有，但他还是决心爬山，因为杨老师知道孩子们在等着他。恰巧杨老师那天要送孩子的小姨去火车站（上大学）。于是他让孩子们先爬，他随后就到，由于感冒很厉害，杨老师气喘吁吁，虚汗直冒。当杨老师艰难地接近山顶时，二十多个孩子早已迎候在那里，他们一起喊"老师加油，杨老师加油"，杨老师说他顿时浑身充满了力量。当时在一队下山的人中，一位中年男子和同伴们喃喃地说："这是哪个学校的？咱那时候上学要是有这样的老师该多好。"杨老师听了这话，一股成就感不禁在心中升腾。登上山巅后的一个活动环节是迎着旭日喊出自己新学期的愿望。让杨老师印象深刻的是，一个叫宋晨嘉的女孩，鼓了好大劲儿才用微弱的声音喊出来，杨老师断定这个小姑娘的性格将由此改变。当迎旭日活动举行到第三次的时候，她不仅能侃侃而谈自己的新学期愿望，还能在云门之巅载歌载舞，表演自己的特长。这就是改变，这就是阳光自信，这就是旭日蓬勃！杨老师四年的如约登山，本身就是一种示范，一种力量！

2. 坚持

靡不有初，鲜克有终。只有坚持才不会功亏一篑，旭日精神中就包含着坚持。

魏子恒，2016年参加了青州市首届诗词电视大赛，获得团体和个人赛双冠王。在光环的背后是四个月的坚持，尤其是最后一周杨老师调整了复习策略：在一周内要背完162页A4纸的题库——狭路相逢勇者胜。我们五年级的学生要想打败其他学校那些六年级的对手，只有坚持坚持再坚持。孩子们肩负着责任与荣誉，每个人都把团队扛在肩上。魏子恒的妈妈说，平时很调皮的儿子自从加入这个战队以来，每天晚上吃很少的饭，或者干脆不吃饭就一头扎进书房。这个阳光的少年，用一种"坚持"诠释了旭日精神。

冠军就是对"旭日精神"最好的褒奖！

孙其昕是"旭日中队"的小小书法家。他练习阴符经、灵飞经、雁塔圣教序等，有时一坐就是两三个小时，有时为赶一幅作品竟然写到凌晨1点。我们或许认为他很痛苦，其实，他却以写字为乐。我们看到了他在学校的大型活动中进行书法展示，全市夺冠，在全国拿软笔书法一等奖，我们更看到了他背后的坚持，他的褚体和篆书可以说是青州市这个年龄段写得最好的，他却不满足，引领全班21天练字习惯养成活动。"书写优胜班级"的获得，就是"旭日中队"的坚持精神结出的硕果。

吴青宁，自从特色班级创建以来，一直坚持读课外书、写日记，四年半的坚持，1642天的坚持，从稚嫩的铅笔字，到漂亮的钢笔字，再到英语日记，她认真写好每一个字，没有一处涂抹。这样的事坚持一周容易，坚持21天也不算难，难的是坚持四年半，坚持1642天，认认真真、坚持到底！一天一天，一年一年，这种坚持甚至让我们大人也汗颜，我为她点赞！为旭日精神点赞！

3. 奉献

奉献，是"旭日精神"的另一个关键词。看着"旭日中队"后橱中四摞高高的捐赠图书，我觉得这不仅仅是知识，这就是奉献，这就是旭日精神！在2017年我校"张云杰教学艺术现场会"上，杨老师讲了杨锦涛妈妈，一个普普通通的农民，脚上沾满泥巴，穿着满是褶皱的羽绒服，用那裂口子的手塞给他500块钱，让杨老师给孩子们买书作为元旦礼物的故事，这就是一种奉献精神！这就是爱的奉献！

无意苦争春，只把春来报。五年的创建给杨老师带来了不少荣誉，杨老师却觉得一名教师的成绩不仅仅是一张张证书、一座座奖杯，更应该是让自己的理想照进现实。五年的创建，五年的风雨同舟，五年的幸福满满。孩子们在改变，班级在改变，重要的是杨老师对教育的认识也在改变。唯一不变的是初心，因为信念，所以执着，因为执着，所以收获！"千淘万漉虽辛苦，吹尽狂沙始到金。"在"旭日"的路上他们会不忘初心，砥砺前行。

潘凤刚
载着童年的"方正轩"，体验生命的多彩

潘凤刚简介

潘凤刚，青州云门书院语文教师。青州市优秀教师，优秀少先队辅导员，2017年潍坊市硬笔书法家协会先进个人，潍坊市防龋项目工作先进个人。参编的两册《书法练习指导》由山东人民出版社出版，《小学简易书法教程》由中国石油大学出版社出版。特色班级建设注重"文化浸润，活动育人"，以书法教育为切入点提升学生素养，成效显著，在《潍坊教育》推介。

潘凤刚心语

教育的本质，是让每个孩子找到适合他的生命成长方式。文化浸润，活动育人抑或是一种有益的尝试。让孩子亲历求知、交往的过程，总结、分享独特的感受，在碰撞和交流中体会生命的真谛。做个有温度的老师，引领同学们体验生活和生命的美好，为成长为健康、善良、勇敢、阳光的新时代少年奠基。生活即教育，教育亦生活。教育不应该只是为将来的美好生活做准备，教育本身就应该是美好生活。

家长感言

现在回想起来，还被感动得热泪盈眶，甚至觉得不可思议。2017年放寒假那天，赵浩丞哭着走出校门，我十分诧异："孩子考试成绩不好，受到老师的批评，还是和其他同学打架了？"孩子哭个不停，当着众多家长，我不便久问。回到家，孩子仍旧很伤心，安抚好一阵子，孩子才讲出实情：放了假，见不到老师了，我想老师的时候怎么办？我柔声劝导："你可以给老师打电话，还可以去看老师。"听到我这么说，儿子忽然高兴起来，瞪大眼睛说："真

的？"我的大女儿已经读初中了，从没有发生过不愿放假的事。与亲朋好友闲聊时，他们也被老师无私的爱感动了，感叹老师与学校已成为孩子生命中不可缺少的一部分。潘老师用爱与真心呵护每一个孩子成长，孩子才会这么依恋他。每次看到瘦得让人担心的潘老师，总是停不下忙碌的脚步，我不禁心疼。潘老师，您为了我们的孩子操碎了心，可要保重身体啊！

——赵浩丞妈妈　刘美霞

载着童年的"方正轩"，体验生命的多彩

做个有温度的老师，引领同学们体验生活和生命的美好。

——题记

在古老而又年轻的青州云门书院双语学校，到处有他忙碌而快乐的身影：餐厅、宿舍、操场、教室……问问饭菜是否可口，掖掖熟睡孩子的被角，扮演"老母鸡"和孩子一起游戏，像好朋友一样讨论学习……

课间或饭后，他与学生一起种黄豆，养蚂蚁，赏玉兰花，观书法长廊，品经典文化……他引领同学们在生活中享受教育。

特色文化，润物无声

文化是一种力量，文化是一种影响，文化是一种情怀，文化是一种温暖。

——中央电视台"文化正午"栏目

1. 师生共读一本书

针对学生的认知规律，潘凤刚绞尽脑汁，围绕"师生共读"做足工作，这项活动也得到了家长的鼎力支持。开学之初，赵浩丞的妈妈多次电话联系赠书事宜，她上网查阅适合学生阅读的书目，还多次跑到图书馆请教管理员，最后与潘老师商定要赠送《小故事大道理》。在家委会成员的带动下，读书活动开展得如火如荼，先后有牟若瑾、秦童尧、孟涵韵、张瑞芝、李明轩、赵柯馨、杨云斐、王俊皓、徐可馨、陈姿诺、马韶阳、王宇辰等同学的家长共捐赠16种图书。全班共读一本书活动极大地激发了孩子们的热情，每次下发新书，孩子们"就像饥饿的人扑在面包上"，有时甚至忘记了下课。孩子们的心灵浸润在书香的海洋里，就会变得"宁静"，识字量也逐渐增大。今年"七色光"

海淘会，校园里人声鼎沸，熙熙攘攘，潘老师班中的牟若瑾同学淘来一本喜欢的书，在地摊前旁若无人地读起来，如痴如醉。这大概就是陶渊明诗中描绘的"结庐在人境，而无车马喧。问君何能尔？心远地自偏"的心静吧。

2. 构建特色文化，营造"墨香"环境

精心布置教室，努力使每一面墙壁都诉说着与教育有关的人文历史。教室洋溢着浓郁的特色气息，置身其中的每个孩子耳濡目染，受到艺术的熏陶和启迪。每到课间，"作品欣赏""成果展示"前总是人头攒动……孩子们看到的是具体生动的鲜活榜样，学习别人长处的同时，也认识到自己的不足，前进的动力就会发自内心。

3. 丰富的校园文化拓展了班级特色文化的外延

课间或饭后，潘凤刚与孩子一起欣赏孝文化、状元文化、书院文化、传统文化、励志文化、生态文化、习惯文化、科技文化，鲜活的图片和通俗的文字深入浅出地诠释了"养正求真"的校训，潜移默化地浸润着孩子的心灵。品读经典的同时在不经意间领悟书写技巧，感受书法艺术的魅力，使人形成积极向上的人生观、价值观，实现寓教于"景"的独特育人功能。每一个学生都沐浴着文化的恩泽，接受着经典精华的洗礼。

实践活动精彩纷呈，体验中充盈智慧

教育需要体验，体验的前提是活动。

——冯恩洪

"知识是可以学来的，但智慧是一种体验，今后人类和机器的竞争，是智慧的竞争，是体验的竞争。"

——马云

1. 开展"端端正正写字，堂堂正正做人"主题实践活动

举办书法名家故事会，讲述王羲之为老姬书扇，颜真卿忠心为国，郑板桥体察民情等书法名家故事，感受古代书法家的伟大情怀，使学生在潜移默化中形成良好的人格品质。当老师讲述唐代著名书法家欧阳询为学习索靖的草书，在荒郊野外的一块碑前待了三天三夜，一笔一画地临摹时，全班同学都被他刻苦学习几近痴迷的精神深深打动了。写字比赛、手抄报、诗配画、书签展览，这些有趣的活动深受学生喜爱，他们参与的热情空前高涨。每块展板前都围得水泄不通，不用老师提问，不用点名，个个争先恐后地评头论足，有时还争得面红耳赤，这是课堂小组讨论无法达到的真实。

赵柯馨生性腼腆，平时见到老师一般贴墙边溜过，今天竟然小燕子般蹦跳着拉潘老师的手，兴奋地喊："老师，我的诗配画上光荣榜了！"潘凤刚伸出大拇指，她的笑脸更灿烂了。一次展览，竟然让她找到了自信！回头看，她在学习上确实进步很大。

在一次走进书法名家故事会上，崔晋嘉绘声绘色地讲述了颜真卿誓死不降的爱国故事。课后，崔晋嘉悄悄地对潘凤刚说："老师，颜真卿还是个大英雄呢！古代的书法名家不仅字写得好，而且他们的高尚品质值得我们学习。"是啊！这才是我们书法教育的真正目的，不仅要让孩子学会写字，更重要的是让孩子的心灵得到优秀传统文化的浸润。

2. 孝文化探究活动

百善孝为先，怎样让现在的"小皇帝""小格格"们继承中华民族的优良传统——孝，并非易事。因为他们从呱呱落地开始，就已经习惯了爸爸妈妈、爷爷奶奶的"孝"，现在要让他们孝顺长辈，孩子们的大脑里是空白的。潘老师曾经用二十四孝的经典故事感化孩子们，结果只是一厢情愿，因为这不在孩子们的接收频道上。其实，包括鲁迅等一大批学者也认为二十四孝过于极端化，那是圣人所为，常人会敬而远之。星期天，潘老师经常布置让孩子干家务的作业。一次，陈姿诺妈妈把孩子整理房间的图片发在朋友圈里，下面赞如长龙。班队会上，潘老师表扬陈姿诺："星期天自己的事情自己做，好棒！"陈姿诺眉头一皱："老师，快把我累死了。"潘老师眉毛一扬："偶尔做一次家务就喊累，妈妈天天工作、做家务、辅导你写作业累不累？"陈姿诺两手一拍："是呀，妈妈太累啦！今后，我要多干点儿活。"

2016年10月，潘老师组织"拥抱秋天"亲子活动，欢乐的游戏拉近了母（父）子之间的距离。参观梨园时，在老师的启发下，孩子们亲手摘下最好的一只梨双手送到妈妈手里，一句"妈妈，您辛苦了"让赵浩丞的妈妈眼中闪烁着晶莹的泪花，脸上写满幸福的她把孩子紧紧搂在怀里："宝贝，长大了，懂事了。"

每年重阳节，潘老师班级都会组织为长辈做贺卡活动，王博阳同学用稚嫩的字写道："奶奶，谢谢您天天照顾我，祝您节日快乐。"奶奶紧紧握着孙子的贺卡，幸福的笑容温暖了每个人的心底。

"老吾老以及人之老。"初春的天气乍暖还寒，"方正轩"全体师生及家长带着精心准备的礼物，走进了邵庄镇敬老院。

陈姿诺、李明轩等小朋友把糕点送到老奶奶手中，老奶奶感激地笑了；马皓轩和胡蝶小朋友体贴地给老大爷放好板凳，扶老大爷坐下，拿起笤帚有模有样地为老大爷扫起了地，多干净呀；赵浩丞、尹子奇、王博阳跟老大爷拉起家常，老大爷高兴得鼓起了掌；秦童尧、卢俊燕、陈姿诺、胡蝶四位小朋友一边为盲人老大爷捶背，一边声情并茂地唱起了童谣《萤火虫》；牟若瑾跟两个小朋友为老大娘演唱了《新年好》，把老大娘的被子叠得整整齐齐；老人们拉着孩子们的手给他们讲过去的艰苦岁月，教育孩子们珍惜今天的幸福生活；孩子们跟老人合影后动情地合唱了歌曲《明天会更好》。午饭时间到了，孙浩瑜小朋友主动扶着老大爷去打饭；卢俊燕小朋友亲自为老大爷盛满了元宵……孩子们真诚灿烂的笑容，家长朋友们真挚热情的问候温暖了老人们的心，老人们开心地笑了，笑得那么温馨、那么慈祥、那么和善，这幸福的瞬间就似这个季节里最美丽的迎春花，灿烂的笑脸迎来温暖的春天！

孩子们认识到我们身边还有很多孤独的人需要关心，一言一行都让敬老院的爷爷奶奶体会到社会大家庭的温暖。这一堂生动鲜活的"孝"课，让孩子们懂得了"百善孝为先"的真正内涵。

3. 研学活动开启神奇的世界

学校开展的"童行天下，德润人生"研学活动，让孩子在愉悦直观的实践体验中，有所察，有所探，有所悟，有所得。

"方正轩"一组同学在养蚂蚁三个月后，写出的实践活动汇报《蚂蚁王国趣事多》，在学校交流中获一等奖。

《蚂蚁王国趣事多》实践活动汇报

A：同学们，我给大家猜一个谜语，好不好？

谜底是一种常见的小动物——

排队地上跑，身体细又小，

做事最勤劳，纪律第一好。

大家的答案完全正确！

公园里、大树下、花坛边、墙角处，它们小小的个头儿，黑黑的面庞，忙碌的身影随处可见，这些小家伙就是今天我们要向大家介绍的主人公——蚂蚁。我们班本次探究活动的主题是"蚂蚁王国趣事多"。

B：虽然蚂蚁对我们大家而言并不陌生，但是亲爱的同学们，你们了解蚂蚁吗？知道它们从哪里来？又住在哪里？蚂蚁的家是什么样子的呢？它们又是怎样工作和觅食的呢？请跟随我们的脚步一起走进有趣的蚂蚁王国吧！

C：下面我们先来认识一下小蚂蚁。

蚂蚁是地球上最常见、数量和种类最多的昆虫，国内已发现的蚂蚁种类有600多种。你看它们的兄弟姐妹真多啊！

小小的蚂蚁分为头、胸、腹三部分，头上有一对触角，胸部有三对足，分别为前足、中足、后足。

蚂蚁可不简单，它有顽强的生命力，能生活在任何有符合生存条件的地方，是世界上抗击自然灾害能力最强的生物。

A：有谁知道蚂蚁王国的成员有哪些呢？

D：让我和大家分享一下我所了解的知识吧。

蚂蚁是群居动物，它们共同居住在一个大家庭中，这个群体可能由上百万只蚂蚁组成。在每个蚂蚁王国中都有蚁后、工蚁、兵蚁和雄蚁。它们的任务是各不相同的。

先来说说蚁后吧。成年后它的主要任务是产卵。一般来说一个蚁群中只有一个蚁后，它的体型特别大，因为它的肚子里装有很多蚂蚁宝宝，所以行动起来一点儿也不方便，需要工蚁们照顾它。

再来说说雄蚁，它们在一个蚁群中有数十只或数百只，主要任务是和蚁后交配，交配时期会长出翅膀，它们的寿命很短，在交配结束后就死亡了。

E：下面由我给大家介绍一下兵蚁和工蚁。

兵蚁的体型比较大，是蚂蚁王国的卫士，主要任务是保卫蚁群安全，如有其他蚁群入侵或争夺食物时，它们必全力以赴、誓死决斗、保卫家园。

工蚁是蚁群中数量最多的，它们为蚁群做所有的工作，包括喂养幼蚁、侍候蚁后、搬家清扫、寻找并储存食物等。因此，我们看到搬运食物的蚂蚁都是工蚁，它们在为整个蚁群辛勤忙碌着。

B：大家知道蚂蚁一般喜欢吃什么食物吗？

F：我来答。蚂蚁主要以小昆虫、虫卵、幼虫、动物尸体为食，也吃各类植物的籽粒、果核等。一般而言，我们生活中看到的蚂蚁都喜欢吃甜的东西，这是因为它们对蜂蜜和糖的气味非常敏感，甜的食物能够给蚂蚁的各种活动提供能量。如果你不小心撒了些白砂糖在地上，若不及时处理，大队的蚂蚁短时间内就会赶来。

所以啊，以后咱们吃东西可要小心了，不能把食物渣随意掉到地上，要不然肯定会招来大批蚂蚁军。

A：小蚂蚁每天都忙忙碌碌的，大家知道它们是怎样觅食的吗？

G：我知道，因为大多数蚂蚁的视力都很差，有的甚至是全盲，所以每天蚂蚁王国都会出动大量的工蚁出去觅食。它们经常单独活动，寻找食物。找到食物后用大颚搬回蚁洞中，如果食物较大，不能单独搬回去，就返回巢穴，叫来其他工蚁一起帮忙。不久，就有大批工蚁出巢，循着那个工蚁回巢时的路线找到食物，合力把食物搬回巢去。

H：对对对！我们在幼儿园的时候就学过一首儿歌，叫《蚂蚁搬豆》。

（开始唱）

> 一只蚂蚁在洞口，找到一粒豆，
> 用尽力气搬不动，只是连摇头！
> 左思右想好一会，想出好计谋，
> 回洞唤起小朋友，合力抬着走！

B：可是同学们，蚂蚁们出来找到大块食物的时候，它们是如何告诉其他小伙伴并请它们来帮忙的呢？

C：原来蚂蚁们是靠头上的触角来联系的，它们找到食物后，会在食物上留下气味，然后返回，遇到小伙伴后，就用两根触角互相触碰一下，通知同伴去搬运食物，一个传一个，使更多的同伴得到消息，一起去帮忙运回食物。最先找到食物的蚂蚁在返回的途中也会留下这种气味，其他蚂蚁闻到这个气味就会顺着这个特殊的路标找到食物。

A：有人说，蚂蚁是小小的天气预报员，你们知道蚂蚁和天气有什么关系吗？

D：别看蚂蚁体型很小，它却有能预报天气的本领。蚂蚁成群出洞，预示大雨降临。俗话说："蚂蚁成群，明天勿晴。"蚂蚁用搬家的办法来预报天气。一旦要下雨了，它们就一处一处地搬家：如果搬得低，代表雨会下得小；如果搬得高，就预示着雨会下得很大。当蚂蚁把窝巢的入口堵住的时候，预示着将会有大雨或暴雨。它们把巢口堵住，是为了防止雨水渗入，保障生命安全。小蚂蚁，可真聪明啊！

B：小蚂蚁对我们的生活有什么影响吗？它有什么益处，又有什么害处呢？

E：别看蚂蚁的个头小，它的用处却很多，蚂蚁不仅可以帮我们预报天气，它们还有很大的药用价值，用蚂蚁制成的药物可以治腿痛、风湿病、乙肝等多种疾病，另外蚂蚁可以搬走昆虫尸体、我们丢弃的食物垃圾、碎渣等等，可以清理环境，维持生态平衡。

蚂蚁的危害可总结为叮咬人体、传播病菌，影响人们的身体健康；另外它们还对建筑物有破坏性，其中"臭名昭著"的白蚁是大害虫，它的生命力顽强而且破坏力惊人，一个蚂蚁家族甚至可以毁掉一所房子。

A：你们知道蚂蚁住哪儿吗？蚂蚁的家究竟是什么样子的呢？

F：蚂蚁王国是一个复杂的大家庭，它们的巢穴大多在地下，里面错综复杂，但又互相连通，看似杂乱忙碌，但又秩序井然。有王宫、普通居室、育儿室、仓库、卫生间等。那么多的蚂蚁在一个窝内是井然有序的，绝不是乱糟糟的。

为了更深入地研究蚂蚁，我们班买来了蚂蚁工坊，亲自动手养殖蚂蚁并近距离观察它们的生活习性。

（A和B搬着蚂蚁工坊向前几步进行展示）

G：蚂蚁工坊又叫蚂蚁家园，它是一个透明的蚂蚁城堡，透过它我们可以清晰地观察到平时住在地底下的蚂蚁是怎样生活的：它们怎样吃东西？怎样挖隧道？怎样拖食物？怎样碰触角交流信息？实在是有趣极了！

你能想象现实生活中一个完整的蚂蚁巢穴究竟是什么样子的吗？科学家们做过一个实验，让我们带领大家参观一下小蚂蚁的家到底是什么样子的吧！请看视频。

B：蚂蚁虽然个头小，却有"大力士"的称号，你知道为什么吗？

H：蚂蚁是动物界中的小昆虫，可是它有很大的力气。如果你称一下蚂蚁的体重和它所搬运物体的重量，你就会感到十分惊讶。蚂蚁为什么力气大呢？

它所举起的重量，竟超过它的体重差不多100倍。世界上从来没有一个人能够举起超过他自己身体重3倍的重量。从这个意义上说，蚂蚁的力气比人的力气大得多了，是当之无愧的"大力士"！

A：小蚂蚁大本领。我觉得自己很受启发，你觉得咱们该从小蚂蚁身上学些什么呢？

B：小蚂蚁，真有趣，排排队，一二一，大家去抬一粒米。

最后一个问题我来回答吧！

我们看到，蚂蚁不管遇到什么好吃的东西，都不会争抢，而是自觉排队，按顺序统一行动，特别守纪律。同学们也应该这样去做，不管是去餐厅、宿舍、教室还是参加活动，在校园和生活中要做到自觉排队，不拥挤、不插队，自觉做讲秩序的"小标兵"。

A：还有还有呢，在探究活动中老师还给我们讲了《蚁球漂流》和《蚂蚁搭桥》的故事。小蚂蚁们在面对困难和危险的时候，能够互相帮助，互相协作，共同克服困难。我们在学校里也要和同学们团结友爱，互帮互助，谦虚礼让，和睦相处。这样才是一个有向心力和凝聚力的班集体！

因为，（齐）团结就是力量！让我们一起加油！

——青州云门书院双语学校"方正轩"一组

这次活动对家长的触动很大，家长们纷纷发微信表达感受。

对于这个探究活动，我们家长开始只是抱着陪孩子完成任务的心态去对待的，没有想到孩子却对研究活动特别感兴趣。通过实地观察、收集资料，孩子们学到了很多课本上涉及不到的知识，丰富了他们的知识面，提高了他们勤于动脑思考和亲身动手实践的能力，可以说孩子受益匪浅。

——牟若瑾妈妈　刘睿潇

"纸上得来终觉浅，绝知此事要躬行。"孩子们从书本上得到的知识终归是间接的，如果要想理解得更为全面和记忆得更为深刻，就得自己去探索发现，去亲身实践，这样才能做到举一反三，活学活用。通过此次活动，我也确确实实感受到了孩子在研究问题中的变化，相信对孩子以后求学求知生涯有深远的影响。

——鲁方悦爸爸　鲁文国

在陪孩子做这个课题的过程中，我通过网络查阅了大量的资料，但是发现网络上的知识真假难辨，同一个问题说法存在很大差异，甚至几种说法相互背离。比如，蚂蚁搬家和天气变化的关系到底是怎么样的？是绝对对应的吗？还有什么其他因素的影响吗？为了找到问题的确切答案，我们就和孩子一起去图书馆查权威资料，访问有经验的专家，反复论证一个问题的真相，这样的过程无疑培养了孩子对科学知识的质疑精神和探究精神。

——李颜旭妈妈　耿丽芳

"读万卷书，行万里路。"读书与实践紧密结合，才会获得真知。"方正轩"组织了山东科技馆研学活动，卢俊燕同学写了精彩的实践报告。

探寻科技之光
——云门双语"方正轩"暑期研学调查报告

一、活动的目的

邓小平说："科学技术是第一生产力。"习近平在全国科技创新大会、两院院士大会、中国科学技术协会第九次全国代表大会的讲话中说："科技是国之利器，国家赖之以强，企业赖之以赢，人民生活赖之以好。"科学技术推动了社会的发展和人类的进步，科技正以前所未有的速度向前发展，国家的强盛离不开科技的进步。科技强，则国强！

牛顿说："真理的大海，让未发现的一切事物躺卧在我的眼前，任我去探寻。"科学的精神就是探求的精神、创新的精神、永不止步的精神。学科学、爱科学的精神应该从小培养。少年强则国强！

带着对人类科技文明的无限崇敬，带着探寻科技之光的渴求之心，我们踏上了省科技馆的研学之旅。

二、活动实施方案

1. 活动时间：2017年7月15日

2. 活动地点：山东省科技馆

3. 小组成员：卢俊燕、陈姿诺、冯铭涵、徐珂馨、马皓轩、孙浩瑜等34名同学。

4. 活动方法：搜集资料、参观研究、分组交流

5. 注意事项：每个同学由一名家长陪同，穿班服；带好笔和笔记本，做好记录；讲文明，遵守参观秩序。

三、活动过程

1.活动前搜集资料

34名同学分成三个小队，活动前三天根据任务安排查阅相关资料，乘车去科技馆的途中以小队为单位进行交流。

一队：以四大发明为主的我国科技成就。

二队：国外的伟大发明创造。

三队：中外科学家的故事。

2.参观探究的过程

（1）古代科技馆。这个展馆展出了许多古代的生产工具，虽然古朴笨拙，但是每一件农具的发明和使用都昭示着人类科技文明的一次进步。最吸引我们的是张衡发明的地动仪，一千多年前能发明如此精准的地动仪真是让人叹服。

（2）光学奇观。这个展馆里最神奇的就是"镜中人"，两面镜子夹在一起，镜子中出现了很多"我"，潘老师指导我们转动其中一面镜子再观察"我"的数量有什么变化。经过激烈的讨论，我们得出结论：两面镜子的夹角越小，镜子中的"我"就会越多。

研究完"镜中人"，一回头眼前之景把我们惊呆了。我们看到了"无源之水"，只见半空中有一个水龙头，水龙头里的水哗哗地流到接在它下边的玻璃水管中，水是哪里来的呢？太神奇了，我们参不透其中的奥秘。潘老师告诉我们，这是用水泵、水龙头、有机玻璃等组合起来造成的假象，貌似"无源之水"，这也告诉我们"眼见未必为实"的道理。

（3）人体技能。在这个展馆我们重点研究了"视觉生理色轮"，我们知道了物体在视网膜成像后不会马上消失，会停留十分之一秒，所以静态的物体连续转动会形成动态感。运用视网膜成像原理，聪明的人类发明了照相机。

（4）电与磁。在这个馆里我和陈姿诺做了"人体导电"实验，经过反复验证，同一个人的双手能导电。不同人的两只手是不能导电的，但两个人拉起手来就可以导电了。我们还做了"小心短路"实验。只要接错电流，报警器就会响起，提示我们日常生活中要注意用电安全。

（5）天文篇。在这个展馆我们探究了太阳、月亮、地球的转动，由此我们知道，地球绕着太阳转一圈是一年，地球自转一圈是一天，月亮的一次盈亏是一个月。聪明的人类根据天文现象发明了二十四节气和十二星座。

（6）魔幻数学。在这个展区我们遇到了一个很有趣的问题——古老的数学题"八皇后"。

这个棋盘要求亮八盏灯，不能同行、同列、同一条斜线，我们都失败了。这个问题最早由国际西洋棋棋手——马克思·贝瑟尔提出，大数学家高斯曾提出76种解法。我们准备开学后跟数学老师探讨一下。

（7）祖国科技成就展。最后我们参观了祖国科技成就展。C919大型客机首飞成功，"蛟龙号"载人深潜，天河二号超级计算机蝉联"六连冠"，天宫二号与神舟十一号飞船成功实现自动交会对接。

我们由衷地为我们的伟大祖国感到骄傲。

3. 未来的畅想

我们的生活在科技的影响下发生着日新月异的变化。潘老师指导我们根据参观学习的内容，展开想象的翅膀，从学习、生活等方面设计一下自己的未来。三个小队和家长们均可发言。

马皓轩说将来可以带上妈妈和妹妹来一次说走就走的太空旅行；徐珂馨说将来可以有多功能的家务机器人，将妈妈从繁重的劳动中解脱出来……

四、活动收获

返回的路上，我们仿佛忘记了疲惫，热烈地讨论着，家长们也积极参与进来。潘老师把事先搜集准备的科学家名言卡片赠给我们，激励我们伴着这些智慧的话语成长，从我做起，关注科技，宣传科技，做一名出色的"小小科普员"。鼓励我们拥有一双发现的眼睛，做生活的有心人，用智慧的大脑和灵巧的双手，进行一次小小的发明与创造，做一个"小小发明家"。

看到我们一双双渴求的眼睛，看到我们热烈讨论，争得面红耳赤，看到我们若有所悟的神情，潘老师和家长们很欣慰。潘老师带领我们"探寻科技之光"的研学之旅，使我们终身受益！

作者：卢俊燕

指导教师：潘凤刚

家访，觅一把因材施教的金钥匙

为了解学生的成长环境，潘凤刚牺牲节假日休息时间，几乎走遍了青州的东西南北，大街小巷，行程2000多公里。暑假，有时烈日炎炎，有时暴雨倾盆；寒假，有时寒风刺骨，有时冰面如镜。

每次出行，辛苦并感动着，以至现在想说的话太多，不知从何开始。今年"七色光"海淘会，校园里人声鼎沸，潘老师班级中牟若瑾同学淘来一本书，在地摊前旁若无人地读起来，如痴如醉。潘老师很想弄清牟若瑾除了受到班级开展的"全班共读一本书"的活动影响外，还有哪些因素使得他如此痴迷读书。潘老师说，走进牟若瑾同学家，洁净素雅的房间，三个大书架特别显眼。孩子爸爸泡了上好的龙井，妈妈向他讲述孩子的故事。孩子喜欢读书是爸爸言传身教的结果。每次逛超市，爸爸首先会带两个女儿奔向图书角，看上一两个小时书后还要买上几本书回家。在这个家庭中，读书已经成了一件快乐的事。每天晚饭后，家长与孩子共读是常态。有一次，爸爸因读书竟把约好的饭局给忘了。牟若瑾每月读书达10本以上，大量的课外阅读增加了她的识字量，培养了她的语感，陶冶了她的情操，现在她已经能够愉快地阅读"大部头"的课外书了。读书使她增长了知识，也使她的学习成绩名列前茅，期末考试她的语数英都是满分。

潘老师时常提起家访李硕（化名）同学，直到现在仍历历在目。假期前，潘老师发现李硕（化名）同学头顶中心银圆大小的地方没了头发，他曾问家长，孩子妈妈支吾了片言，生病了。潘老师有些半信半疑，但不好多问。每次李硕与同学产生矛盾，他总是强调别人的错误，理由特别多，虽是高高的男子汉却总是哇哇大哭。只有走入家庭，才能对孩子的成长环境有全面的了解。孩子妈妈带着一个女儿与孩子爸爸带着一个儿子组成了新家庭，然后生了李硕。父母年近半百得子，因此格外宠爱他。做继母的敏感，潜意识里总是担心哥哥欺负弟弟。家长忙于厂里事务，放任孩子在家。当我谈到李同学的不良习惯时，妈妈总是先替孩子承担错误。李同学对潘老师说过，他经常跟着哥哥看恐怖片，夜里常常做噩梦，有时吓得一身冷汗，这或许是他脱发的重要诱因。我开诚布公地吐露肺腑之言，对孩子家长产生很大触动。

现在孩子的父母一见面就说："潘老师的帮助，我们永远也不会忘记。在老师的启发下，我逐渐认识到，要改变孩子，首先要改变自己。孩子渐渐变了，在家主动帮我们做家务。暑假中还给爸爸妈妈写了一封信，当着潘老师的面读给我们听，我和孩子他爸既感动又欣慰。"让人欣喜的是，家长开始读家庭教育的相关书籍，还经常参加家庭教育讲座，他们认识到自己要多抽时间陪伴孩子，已经走在努力改变的路上。家长能有这样的改变，与潘老师耐心细致的家访分不开，我由衷地高兴。

形形色色的生活环境，塑造了脾性各异的孩子。家访，意义非凡的一课。读了潘老师的家访日记，我的内心久久不能平静。

本学期马皓轩进步特别大，作业直到下课还写不完的现象一去不复返了。老师的督促指导和家长的帮助形成了合力，这才收到事半功倍的效果。印象最深的是放假的最后一天，同学们都叽叽喳喳地憧憬假期生活，马皓轩认真地擦黑板、抹讲桌，然后把桌子上的物品摆放得整整齐齐。当我迈进他家，看到他的房间收拾得一尘不染，温馨舒适。他爸爸忙着准备茶水和水果，他妈妈介绍孩子的表现。孩子在家经常打扫卫生，自己的房间都是自己收拾。马皓轩热情地邀请我们参观他的房间，整洁有序，茂盛的绿萝从高高的书架顶上泻下来。孩子很健谈，给我看他小时候的相册，让我坐他写作业的转椅，问我是不是很舒服，还贴在我耳旁小声说："老师，告诉你个秘密，我妈妈怀孕了。"马皓轩在学校很活跃，但今天与老师没有一点儿距离感，就像对好朋友似的滔滔不绝，我有些吃惊。妈妈说，孩子很喜欢被表扬，这一点儿我早就感受到了。我看着墙上的一幅照片说："很帅，很神气！"孩子眉毛向上一挑："这是我爸爸公司开业的时候照的，我还是军乐队的指挥呢！前一天晚上，妈妈整晚没有睡觉呢！"我竖起大拇指："你妈妈真伟大，向你妈妈学习！"孩子微笑着自豪地点点头。马皓轩的妈妈说："其实，我已经习惯了，只要接了任务，不管多忙，必须按时完成，也给孩子做个榜样！"马皓轩妈妈虽然不是高学历知识分子，但她朴素的人生观给了孩子正能量。

我们进入王府馨园时，徐同学（化名）和妈妈已经站在楼下迎接了。简单寒暄后，马上转入正题——孩子的表现。徐同学进步很快，写作业越来越认真，成绩很优秀。当我谈及孩子不善与同学交流时，妈妈显得很内疚。她说，当年忙于工作，徐同学3岁时又添了小弟弟，经常用手机哄哭闹的徐同学，久而久之，她喜欢自己一个人独处，默默地玩东西。这次深入交谈后，妈妈已经认识到自己忽视了孩子的教育，对孩子良好习惯的养成缺乏足够的认识。她说："谢谢老师的提醒，我正在努力改变自己。假期中，孩子上兴趣班，我时刻提醒孩子问老师好。吃完晚饭，我领着孩子下楼与小朋友玩。"孩子为我们弹奏了一曲《新年好》，我伸出大拇指夸奖时，她的一句"谢谢老师"，让我兴奋了好一阵，因为她平时用动作表达得太多了。

感人的一幕幕不胜枚举，陈姿诺家长专门熬制饱含浓浓真情的薏米红豆汤为我们解暑。赵浩丞把假期中获得的，即使是家长也不能摸的金牌挂在我胸前，抱着我合影留念。他爸爸谈完生意马上返回，执意留我们吃饭，我们婉言谢绝。李明轩一见我就说潘老师瘦了，一个小孩子如此关注老师，着实让我惊讶。李明轩的妈妈说："老师胃不好，天天为你们操心，怎么能不瘦？今后好好学习，别让老师生气！"李明轩郑重地点头。

——潘凤刚

家访，不仅解决了家校沟通障碍，而且深受同学欢迎，从学生的文章中可窥一斑。

2018年暑假，我一本正经地问潘老师："潘老师，你什么时候到我家家访？我等着你。"潘老师俯下身子微笑着说："我去的时候给你打电话。"我摸着头想了一会儿，又跑过去郑重地说："咱俩拉钩。"说着，我伸出手指头，潘老师竟然也伸出了小拇指，我使劲勾住老师的小拇指，觉得这样就能把老师拉到家里去。

——王昭霖

奶奶说："今天下午，潘老师来家访。"我兴奋地又唱又跳，终于可以见到潘老师了！我不停地抬头看墙上的表，不停地问奶奶潘老师什么时候到。奶奶慈祥地说："你去睡一觉，醒来后就看到潘老师了。"于是，我躺在床上，可怎么也睡不着。我都数了一百多只羊了，脑袋却清醒得很，往日的"打盹神"哪里去了？

——崔晋嘉

潘凤刚深入了解每一个学生的生活环境及在家表现，了解家长的希望、要求以及教育方法等，并做好详细记录，为今后因材施教奠定了坚实基础。通过向学生家长讲述我校的办学理念、办学成果等基本情况，帮助家长树立正确的教育理念，解决家庭教育中的一些困惑，增强了家长对老师、对学校的信任度，这样一来，家长就会主动参与到学校的教育教学管理中来，形成育人合力。走入学生家中，了解了很多档案上乃至学校里看不到的东西，更真实的学生便呈现在眼前了。

现在的学生家长普遍重视子女教育。一个学生在班上不过是四十分之一，而在家里，却是家长的百分之百。潘老师说，家长的期望，让他深感自己肩上的担子沉甸甸，今后的工作不敢有丝毫懈怠之心。潘凤刚坚信及时真诚的沟通，家校携手的合力，会让一切问题都迎刃而解。

回顾自己的成长历程，在基础教育阶段，你有一个喜欢的、让你觉得安全的老师，对学习的促进作用是何等巨大，这不仅是个人体验，神经生物学的研究也证明了这一点。对学习效果影响最大的是学习者和周围人有爱和相互支持的关系。被尊重的孩子，眼睛里是有光的。泰戈尔说过一句话："教育的目的应当是向人类传送生命的气息。"因此，教育应该从尊重生命开始，使人性向善。

同事眼中的潘凤刚——一个有温度的老师

潘凤刚是个有温度的老师，带着温度的举手投足，温暖着行走校园中的每一个人。接手2015级四班后，他反复斟酌，把教室定名为"载着童年的方正轩"，带领孩子们体验多彩的生命。

感人的一幕幕把生命的美好诠释得淋漓尽致。2017年期终检测结束，布置好作业正准备放寒假，王博阳、赵浩丞、李颜旭三位同学怯生生地走近潘老师说："老师，我们能抱抱您吗？"潘老师先是一愣，继而笑着说："我更想抱抱你们这群可爱的小精灵呢！"三双小胳膊立即围拢过来，居然那么使劲地抱着，其他同学一拥而上，外围的同学由于手臂够不着，只能紧紧地抱着里层的同学。潘老师慈爱地抚摸着孩子们的头，温暖由体表传导到内心深处。忽然，一个孩子啜泣起来："老师，假期里见不到您，我会想您的。"潘老师曾经多次提起，刚听到这番话，觉得有些幼稚，哪里有不愿放寒假的孩子？当他看清那张写满真诚的脸竟然是沉默寡言的赵柯馨时，心猛的一颤：多么纯真的孩子呀！她能说出这句话，心里该蓄积了多大的勇气啊！潘老师已找不到合适的词语安慰她："想老师的时候，给老师打电话。"他还没有安抚好赵珂馨，王博阳、冯铭涵、扈雅晴、杨云斐、赵浩丞等一大批同学已经哭得稀里哗啦。

孩子对老师、对学校多么依恋呀！"方正轩"已经成了载着孩子们童年的乐园。

潘老师用带着温度的拥抱，让孩子觉得自己驶入了温暖而安全的港湾。孩子因此把他当作无话不谈的朋友。陈姿诺的妈妈告诉我，期终考试前，陈姿诺、卢俊燕、冯铭涵、牟若瑾等一大批同学召开"秘密会议"，说要刻苦学习，考出好成绩，给老师争光，为班级添彩。

潘老师带着温度的一言一行会传导到孩子内心深处。高家宝，中途转入班内的一名学生。去年放暑假，她从教室门口一直哭到校门，不舍得离开载着童年欢笑的校园，哪怕是短短的一个假期。记得刚转学来的那段日子，她怯生生地望着陌生的一切，下课后趴在桌子上一言不发。每天下午上写字课时，她总是一脸茫然地望着这门全新的课程。看到她孤零零的身影，潘老师心里有说不出的难受。课堂上，不吝惜鼓励的眼神，赞许的大拇指；课间，一次又一次的谈心、补课，介绍同学和她交朋友。时时处处关心帮助，使她很快融入了班集体。现在，时常看到她像小燕子似的在班中飞来飞去，认真地做好班级小岗位。她两眼熠熠生辉，积极地回答老师提出的问题，期末考试全优。

星期天，潘老师给老父亲运煤，用力过猛伤了胳膊。医生皱着眉头端详了许久："肌肉肌腱撕裂，今后要特别注意。否则会断裂，到时候你就遭大罪了。建议在家休养一段时间。"潘老师回到学校，一进办公室，同事就说："你两节课没来，就有十多个同学来问了好几次'潘老师去哪儿了'。"路上下定请假的决心，瞬间彻底瓦解了。一天早晨，在学校楼道里碰到了傅钰恒，他仰起花朵般的笑脸："老师好！您的胳膊还疼吗？"潘老师大吃一惊："你是怎么知道的？"傅钰恒一本正经地说："老师，您身上有一股膏药味儿，在黑板上写几个字就左手捂着右肩，我看着就觉得你很疼。"天呐！这是一个七岁的孩子吗？有人说，孩子的眼睛是最亮的，此言不虚。或许，带着温度的板书不仅入眼，更能入心。

带着温度的点点滴滴，渐渐消融彼此之间的隔膜，使师生成为相亲相爱的一家人。五月底，学校举办"七色光海淘会"，马皓轩的妈妈主动承担了制作刊板的任务。为了不耽误班级海淘会，马皓轩妈妈整整忙了一个通宵。第二天，正值他家公司开业。潘老师事后才从家委会主任口中得知，他再三表示感谢。她淡淡地说："看到你们老师利用晚上休息时间与家长沟通，告知孩子的表现，纠正学生作业中的错误，我为班级出点儿力也是应该的。马皓轩生病的时候，你天天晚饭后给孩子补课，我都记在心里。"从鞠磊老师口中得知，卢俊燕妈妈正在休病假，但是她用三天时间竟完成了"拥有一双发现的眼睛"实践探究汇报方案，潘老师歉疚地再三致谢。卢俊燕的妈妈谦虚地说："受累的还是你们，要不，你会那么瘦。我们是一家人，为班级做点儿事情是应该的。"他们完全有正当理由拒绝呀，为什么要主动承担班级建设的工作呢？回想"方正轩"的家长们心往一处想，劲儿往一处使，每一项班级工作都开展得顺畅而富有成效，潘凤刚的职业幸福感便油然而生。

即使是批评，如果是善意而有温度的，学生和家长们也会欣然接受。今年暑假，当孩子们发自肺腑地喊出"潘老师，我们永远爱你"时，我欣慰地笑了。在潘老师的引领下，我们的孩子学会了爱身边的每一个人——给爷爷奶奶捶背，为爸爸妈妈洗脚，走进邵庄敬老院，十字路口指挥交通……

张晓杰
爱是教育的源

张晓杰简介

张晓杰，青州云门书院数学教师。青州市优秀教师、青州市教坛新秀。

"爱是教育的基础，是老师教育的源泉，有爱便有了一切。"这是冰心先生说过的一句话，也是张晓杰的教育理念。张晓杰认为教育不是让孩子变成你想要的样子，而是帮助他们成为最好的自己。所以张晓杰为班级取名为"玄驹之原"，意为"班级是一片草原，每个孩子都是一匹黑马"。作为老师和家长，我们无须告诉马儿怎样跑，只需要用心、用爱让这片草原更辽阔、更肥沃。

张晓杰心语

喜欢一首歌叫《最好的未来》，里面有一句歌词"每个孩子都应该被宠爱，他们是我们的未来"。是的，孩子是一个家庭的希望和未来，也是整个国家和民族的希望和未来。没有天生的天才或愚者，如果我们用赞叹新生儿的眼光去看待每一个学生，用教婴儿说话、走路的耐心去教育每一个学生，我们就是在给孩子的童年填充幸福，给国家的未来注入生机，这是一名教育者的荣耀。

家长感言

入学前就听闻晓杰老师是一位出色的班主任，相处一年，她为班级倾注的心血、教育孩子的智慧让作为家长的我深受感动。她爱孩子，把每一个孩子都当作自己的宝贝，对他们呵护备至；她懂孩子，站在孩子的角度想问题树规矩，孩子们对她心服口服。带一年级新生难，带一群调皮孩子"扎堆"的新生更难。一个学期下来，我不知道晓杰老师给这些上课坐不住、排队站不好的孩子们施了什么"魔法"，让他们能规规矩矩听课、整齐有序地排队，养成了良好的习惯，还考出了满意的成绩。我只知道她每天早上很早就到校，知道她一个学期的嗓子都是嘶哑的，知道还在哺乳期的她经常在学校忙一整天却顾不上家里嗷嗷待哺的小孩……

"我想让自己的孩子遇见一位怎样的老师，我就怎样对待班里的孩子们。"晓杰老师身体力行的朴实格言，也成了班级家委会成员的共同信念。班级研学、"梦想秀"、元旦联欢等重要活动，家委会和老师共同谋划，集思广益，更显班级特色；订校服、购图书等日常管理，家委会主动承担，既分担了班级的管理压力，又更加贴合家长心意。尤其幸运的是，我们的班级家委会主任是一个既热心又细心的"大家长"，想老师之所想，解家长之所忧，组织活动时跑前跑后、出钱出力，定做校服不厌其烦、周到细致，夏天一到又自掏腰包为班里购置驱蚊器，让孩子们免受蚊虫叮咬之苦。

孩子让我们相识相聚，真诚和信任让我们由陌生人成为一家人。爱心汇聚力量，爱心托举希望，我为我的孩子能在这么有爱的环境下成长感到幸运，也相信这个有爱的大家庭定会成为云门书院双语学校冉冉升起的明星班级！

——陈秭羽妈妈　王莎莎

爱是教育的源

爱学生是教师最高尚的职业道德。这种爱不同于父母对孩子的爱，它是对教育事业的爱，对人民的爱，对民族的爱，是无私的爱，是不求回报的爱。只有具备这种感情，才能相信每一个孩子，相信每个孩子的天性是纯洁的，是求上进的，是可以教育的，才能把他们培养成才。

——题记

爬山虎攀上书院青色的院墙坚定地向天空伸出小手，阳光从巨大的法桐树缝隙中漏下来，斑驳的光影像是散落的金币一蹦一跳又消失不见，这所藏在古城小巷中的学校从不缺少底蕴和生机。早上六点多，张晓杰带着第一缕阳光穿过校园，走进教室，打开窗户，让新鲜的空气给这个房间注入今天第一份活力。张晓杰熟悉这里的每张桌椅、每寸黑板、每支粉笔，更熟悉这个教室里的每个孩子。在这里，她带着他们去感受知识的魅力、去发现生活的美妙、去探寻世界的奥秘。在这里，她用爱书写她和他们的故事，这里是她的战场，也是她的天堂。

爱让管班变成带班

没有爱，就没有教育。

——苏霍姆林斯基

张晓杰对孩子们的爱是爱孩子本身，而不是爱他的成绩或者懂事的个性。"须知参差多态，乃是幸福本源。"每个孩子都有自己的个性，因为不同，所以精彩。他们时而像一群小天使，时而又化身一群小恶魔。爱一个可爱的孩子是人的本能，在他们不值得爱的时候仍去爱他们，才是教师的本职。

1. 期待唤醒了爱

单元测试结束，张晓杰老师一张一张地翻看家长签回的意见，粗心、努力、严加管教……依旧是看起来并没怎么走心的词汇，这时一份特殊的试卷意见闯入眼帘，长长的句子后面几个字用笔重重画掉，又在画掉的字下面补了"谢谢"两个字，可张老师分明看见被画掉的部分清楚地写着"费心点儿吧"。一瞬间，张老师的心感觉像被什么扎了一下。她不禁思忖，这是什么意思呢？是在责备老师不够用心吧？思来想去，对这个孩子可是没少费心思啊！上课提问，左引导右鼓励，大多情况下仍然是不说一句话，考试很少超过70分，给她看作业、教她改错题比其他孩子都要多花上几倍的时间。难道对于家长来说，这还是不够用心吗？顿时一股委屈涌上心头。可是冷静下来之后，这个小风波却让张晓杰更多去关注、观察这个孩子，张老师看到了她在课堂上的不自信，看到了她望向积极回答问题的同学的目光里满是羡慕，尤其是今天张老师看到了她遇见自己时微微的胆怯。一瞬间，张晓杰如梦初醒。自己对孩子的学习用了十二分的力，可是对孩子用了几分心呢？曾经初上讲台时对孩子的满心喜爱、对教育的一腔热情都去了哪儿？孩子是学习的主体、是课堂的主人，当我们越来越得心应手地掌控课堂的时候，却忽略了最重要的东西——孩子的心。接下来的时间，张晓杰对这孩子少了几分成绩上的苛求，多了几分耐心、几分爱心，多了几次课程以外的交流。期末考，她竟然取得了93分的成绩，惊艳了所有人的目光。

"费点儿心吧！"简简单单四个字让张晓杰再次感受到家长对学校、对老师的嘱托和期待，面对着重复的工作，张晓杰却感受到生命的鲜活，她提醒自己，时刻铭记教育的初心，在教育的路上不断前行！

2. 不成龙的程龙

支教那年第一次看到程龙时，张晓杰以为自己绝对不会喜欢上这样一个学生。"脏乱差"就是对他形象和学习成绩的写照。无论如何悉心引导都未曾改变，一种无力和挫败感充斥着张老师的内心。直到有一天，偶然遇见程龙和他的奶奶，老人衣着破旧、步履蹒跚，孩子用自己稍显瘦弱的肩膀努力地给奶奶一些支撑，一瞬间，张晓杰觉得这个孩子很可爱、很强大。之后，张老师了解到程龙的爸爸、妈妈、姐姐都在外打工，爷爷卧病在床，奶奶年迈体弱，没有人顾得上这个还不到十岁的孩子，饭能吃饱就行，衣能蔽体即可，至于卫生或者学习，对于这个家庭来说无暇顾及。

之后的日子，程龙一如既往地不讲卫生、成绩落后，不同的是，张老师对这个孩子多了一份发自内心的理解和尊重。因为他无权选择自己的生存环境，甚至能上学对他来说就是一种幸福。渐渐地，老师对他的接纳和鼓励让程龙有了些许变化，他愿意主动和周围的人说话了，张晓杰由衷地为他高兴。现在的他在家里开了个小商店，八年间，程龙与张晓杰老师只是偶尔联系，但有一次他说道："老师，幸亏那时候你一直鼓励我，让我觉得自己跟别人也没什么不同，也敢和别人说话，要不我现在连店也开不了。"程龙没有成龙，可张晓杰觉得，这样就很好。

爱，是一份尊重。尊重孩子们之间的差异，尊重他们的原生家庭，不是强迫每个人都成为第一，而是帮助每个孩子敢于成为最好的自己。

3. 烈日下的课间操

炎炎夏日，课间操结束后，一个学生过来问张晓杰："老师，你热不热？"张老师说："热啊，当然热。"学生马上问道："那刚才做操的时候你怎么不在树底下凉快？"其实，在炎炎烈日之下，张老师又何尝不想坐在树荫下避避阳光？可是她想：如果我这样做了，正在太阳底下做操的孩子们会怎样想？他们还有几分毅力坚持用心做完课间操呢？

张晓杰始终相信身教胜于言传，所以她愿意用每天多几分钟的炎热换孩子们一种坚韧品质的养成。所以，在校内，她会弯一弯腰捡起看见的每一片纸，会在每一次升国旗时立定站好行注目礼，会把每次作业的批语写得认真工整……在校外，无论多着急从不闯红灯，与人打交道时把"谢谢""对不起"常挂嘴边……她说，当我们用对学生的要求来要求自己时，就对学生多了一份示范、多了一份教育，也让师生之间多了一份平等。

张晓杰说："当别人说'你一看就是老师'时，也许就是对我们的一份褒奖。我愿意用一份自律维护着人民教师的形象，也证明自己对学生的爱。"

4. 单膝跪地的孩子

课间听见楼道内乱哄哄的，张晓杰走出办公室一看，一群孩子正围着辛宇。

"这么大了还不会系鞋带！"

"笨死了！"

"把自己绊倒了不说，还差点儿把我也绊倒了！"

辛宇天生有视力缺陷，四肢不协调，学习成绩落后，本来就有些自卑的他在同学们的起哄声中更是紧张到手抖，三番五次都系不好松开的鞋带，眼泪吧嗒吧嗒地落在手上。刚要上前的张晓杰，听到人群中冒出一个声音："我来！我来！"一颗小脑袋从围观的学生中挤进去，把手中的课本和水杯往地下一放，单膝跪地，两只手抓起鞋带，头使劲儿地往下低着，认真地帮辛宇系好鞋带，抓起课本和水杯回到教室。张晓杰用手机镜头记录下这一个短暂的瞬间，记录下这个俯身为同学系鞋带就像呼吸一样自然的孩子，在接下来的数学课上，系鞋带的邵飞成了助人为乐的模范，领奖台上的他有些腼腆却底气十足地挺直了腰杆。后来，曾在学习上落后不止一点点的邵飞就像突然被施了魔法一般，成绩突飞猛进。同学们围在他的身边，七嘴八舌地问他有什么秘诀。其实，答案就藏在他每天围着张老师问这问那的身影里，藏在他每天进入教室时哼着的小曲里，藏在他充满自豪的笑容里……兴趣永远是最好的老师，他从张老师的肯定和同学们的羡慕中找到了快乐，找到了前进的动力和方向。孩子身上从来都不缺少闪光点，他只是需要你的发掘并将其呈现给众人。

人们都说"教师是人类灵魂的工程师""教师，是太阳底下最光辉的职业"。而大处着眼的教育，却需要从小处着手，因小事之中见品格，细节之处见教育。这些平凡的日常才是教育的主战场，不错过孩子每一次成长的机会，为他们的人生注入力量。

5. 罚你做张手抄报

每个班里都有几个让老师头疼不已的孩子，上课乱说话的是他们，下课被同学告状的是他们，给班级扣量化分的也是他们……他们似乎是班级中最不和谐的音符，他们是"不可教"的孺子，他们有个名字叫作"麻烦"。张晓杰一度也这样认为，可是有个孩子改变了她的想法。

那天两个孩子急匆匆地跑到办公室，边跑边说："老师，老师，程毅把我们班的手抄报栏涂了好多印泥。你快去看看呀！"手抄报栏里张贴的是班级中最优秀的9幅作品，张晓杰刚刚用了半个上午的时间将它们贴好，一想到这些，她顿时火冒三丈，气冲冲地走向教室，想把程毅喊到办公室好好批评一下。

张晓杰走进教室的时候，程毅就站在门的旁边，身子贴在墙上，用有些躲闪的眼神胆怯地看着老师。他的反应让张晓杰有些不忍，正是这丝不忍让她想起以前看过的一句话，要允许孩子犯错误。于是，她只是同往常一样简单地在教室里转了几圈，和孩子们说说话就回到了办公室。

做眼保健操时间，张晓杰转到程毅旁边，俯下身子悄悄地问了他一句："课间操结束后，可以到老师的办公室一下吗？"他疑惑地点了点头。课间操刚一结束，程毅就来到了办公室，张老师略带微笑地摸了摸他的头："这么遵守约定，真是个守信用的好孩子。"他却低着头不说话。张晓杰问："是不太开心吗？"他又沉默了一会儿，然后特别小声地说道："我不是故意的。"看来孩子非常清楚被叫到办公室的原因，孩子的态度让老师的火气消了大半，张晓杰接着问："能告诉老师你是怎么想的吗？"孩子点点头："我很喜欢老师的印泥，它能给我们印小红花。下课的时候，我看见你的印泥忘记带了，我只是想看一下，还想给你送到办公室呢，结果就把印泥摸到了手上，我很害怕同学们看见就抹到墙上去了。老师，我想用抹布擦掉，可是被同学们发现了非要让我到办公室。我不是故意的。"听到这里，张晓杰心里不禁生出一丝内疚，孩子的想法这样单纯美好，而自己差一点儿用发脾气堵住孩子的嘴，扼杀孩子和老师交流的欲望。张晓杰摸了摸他的头说："程毅真是一个细心的孩子，那以后你可以帮老师一个忙，课后提醒老师带走我们的印泥吗？"孩子非常认真地点点头。张晓杰又说："可是，不管出于什么原因，我们班有一幅手抄报被抹上了太多印泥，必须揭下来，怎么办呢？""老师，你罚我吧，把我的笑脸撕掉。"程毅咬了咬嘴唇。"好，老师就惩罚你一下，但是我们不撕笑脸，老师罚你做一张手抄报，然后和老师一起把它贴到墙上。"孩子先是一愣，然后开心地使劲儿点点头。第二天，张晓杰一进教室，程毅就跑过来展示他的手抄报，并和老师一起小心翼翼地把它贴到墙上。他开心地说："老师，我的手抄报还是第一次被贴到墙上呢。"从这件事情之后，每次手抄报，程毅都做得特别认真。

其实，每个孩子最初都是单纯而美好的，也许他们会犯错误、会惹麻烦，但那不是他们的初衷，只要我们肯慢下来听听他们的心声，用一种欣赏的眼光、一颗宽容有爱的心去对待他们，帮助他们成长，他们一定会像一棵棵快乐的向日葵，向着阳光努力生长。

6. 跳绳代表

李宣是张晓杰班里的一名男生，活泼可爱、聪明伶俐。但入学不到一周，所有任课老师的看法都达到空前一致——这真是一个调皮又不好管教的孩子！

上课随便说话、小动作不断，下课乱跑乱跳、和同学打闹。对他教育的时候，说轻了就满不在乎，说重了就瞪着无辜的大眼睛含着眼泪说："老师，我知道了，我以后再也不这样了。"但是一秒钟之后，他又开始嬉皮笑脸，仿佛刚才的事情没发生过一样。张晓杰为此感到特别头疼。

一次偶然的机会让这件事情有了转机。学校组织运动会，对于一年级的孩子来说，跳绳并不是一件简单的事情。选拔运动员时，李宣的表现可圈可点，张晓杰掂量再三，淘汰掉了另外几个孩子，说："李宣，就由你代表全班男生参加比赛吧，好好加油！"没想到接下来的几天，李宣的纪律出奇得好。欣喜之余，张晓杰陷入沉思：以前也经常表扬他、鼓励他啊，这次怎么会有这么大的作用呢？对，是信任，老师把唯一的机会给了他这个"捣蛋鬼"，这是他不曾预料的，他很惊讶，也很珍惜，甚至意识到自己代表的是整个班集体，一种责任感和使命感督促着他努力约束自己。

这件事情以后，张晓杰便试着给李宣安排合适的任务，课间操让他在前边领操，放学让他领队，课堂表现良好时让他担任作业收发员。任课老师反映，李宣的课堂纪律有明显改善，最终他在期末检测中也取得了优秀的成绩。给孩子一份信任，他回馈给你的远比你想要得多。

7. 害怕吃午餐的小姑娘

小舒是个乖巧懂事的小姑娘，平时懂礼貌、守纪律、听课认真、作业规范，几乎就是那种"别人家的孩子"。可近几天，细心的张晓杰老师发现小姑娘似乎总有些心不在焉，虽然没有明显的变化，却隐约透出一种心事重重的样子。几次侧面询问，与家长沟通，均无果。

正当张晓杰一筹莫展的时候，小舒又有了新情况——中午一吃饭就肚子疼，到医院检查身体没有问题。一个念头钻进张晓杰的脑海，以前听说有些小孩因为厌学，一进校门就会出现头疼、腹痛等症状，莫非小舒也厌学？原因是什么呢？考虑到小舒就餐时才会肚子疼，张晓杰觉得从用餐着手可能会找到原因。中午小舒在学生餐厅不愿吃饭，张晓杰就带她到教师餐厅和自己一起就餐，饭后看小舒情绪不高就会把她带到宿舍，让她抱着毛绒玩具在床上休息会儿，小舒肚子疼的症状和上课状态似乎都有所好转。

几天后的一个中午，小舒说："我能不去餐厅吃饭吗？"小姑娘的主动开口，让张晓杰看到了沟通的亮光，张老师问："为什么呀？学生餐厅和教师餐厅的饭菜都是一样的呀！"小舒沉默了一会儿，嗫嚅道："餐厅的奶奶（生活老师）很凶。"接下来张晓杰了解到，原来是小舒平时吃饭比较少、比较慢，在一次午餐时，生活老师呵斥了她几句，导致小舒对就餐产生了一种恐惧和排斥。找到了问题的根源，张晓杰在心里长舒一口气，不过问题还没有解决。张晓杰想了想，摸着小舒的头说："咱们两个这么像呀，老师小时候经常因为吃饭被妈妈批评呢！当时可委屈了，不过后来想一想，就算是批评，妈妈也是为孩子好，所以就宽宏大量地原谅她了。"在张老师故作调皮的语气和表情下，小舒扑哧一声笑了。张晓杰趁热打铁："不过你们生活老师前天还跟我夸你了呢，说你在餐厅和宿舍都是其他同学的榜样，是个让人喜欢的小姑娘！这么看来，奶奶和老师的妈妈一样，只是表达方式不对。"小舒一边点头一边说："我觉得奶奶也没那么凶，我也宽宏大量地原谅她了。"之后，张晓杰及时与生活老师做了沟通，事实果真如张老师所料，生活老师看到小舒长得这么瘦弱，吃饭又少，一时着急语气重了些。沟通后，生活老师积极调整了与小舒的沟通方式，问题顺利解决了。

张晓杰说，我们看到孩子们出现的问题，并不一定都是出于孩子们的本意，焦躁和呵斥并不会让我们更快地解决问题。你对他多一份呵护，他对你就多一份亲近，两颗心都在向对方靠近的时候，问题才会迎刃而解。

爱让数学课堂也精彩

教育的艺术不在于传授本领，而在于激励、唤醒和鼓舞。

——第斯多惠

张晓杰的数学课堂不仅充满知识，而且充满情感。张老师用爱打开儿童的精神世界，让学生在课堂之初充满兴趣，课堂之中获得满足，课堂之后意犹未尽，让学生始终感觉自己是一个发现者、研究者、探究者，让数学课堂不高冷、不乏味。

1. 数学课堂上的歌声

你上过夏天下午的第一节课吗？如果你上过，你一定能感受到那种任何敲黑板画重点都撼动不了的困倦！管他重点、难点、习题、考试，夏日的午后只适合犯困和发呆。现在，张晓杰的眼前就坐着一群这样的孩子。

怎么办呢？张晓杰也是从学生时期走过来的，当然也明白他们并非有意懈怠。无奈之时，一阵欢快的歌声吸引了我，也唤醒了几个正在发呆的孩子。张老师如获至宝！对，就是唱歌！这可是他们班学生的强项。张老师对孩子们说："隔壁班正在唱的这首《买菜》，听说咱们班唱得比他们更好。咱们唱一个，和他们比一比！"学生们一听，精气神儿瞬间提起来了，敞开嗓子唱了起来，一首曲罢，意犹未尽。张老师趁着他们困意褪去，开始了这节课的教学，孩子们可能还带着刚才的兴奋劲儿，也可能觉得数学课拿出时间唱歌有些新奇，竟然比预期提前完成任务。孩子们用专注与高效赢得两分钟的时间，尽情唱着他们喜爱的歌。

从此以后，张晓杰带的这个班每周二下午的第一节数学课都会在歌声中开始，也在歌声中结束。困倦的时候唱唱歌，提起精神来再学习。学习的时间短了，可是效率高了，数学课被音乐课侵占了，张老师和孩子们的心也被快乐侵占了。

2. 那些频频来访的公开课

张晓杰第一次讲公开课时带的是一年级，从某种意义上讲，那是一节不怎么成功的课。一个平时调皮却不怎么回答问题的学生，在没有举手示意、全班都很安静的时候，做出好几次与正确答案相差十万八千里的答案；一个平时遵守纪律、成绩优秀的学生一而再再而三地发出怪声。讲课结束后，听课老师好心安慰说："你这节课设计得挺好，要不是那几个没有眼力见儿的孩子，说不定挺精彩。"

对啊，他们不同寻常的举动，打断了其他学生的思维，打乱了课堂的节奏，可他们并不是导致这节公开课跑偏的"元凶"。张晓杰想：书上说"学生是学习的主体"，那么一节公开课就不应该是老师的个人秀，而应是所有孩子展示自己的舞台。她充分备课，却不会在公开课前透漏将要提问的知识；她重视孩子的习惯养成，却不会在公开课前特地强调纪律；她希望孩子们变得优秀，却从不批评在公开课上表现不佳的学生……她和孩子们约定公开课上一起展示最优秀的自己。为了这个约定，孩子们平时暗暗积蓄能量，又在公开课上毫无压力地尽情释放。

"无心插柳柳成荫。"张晓杰的课被越来越多的同行认可，也获得了越来越多展示课堂的机会。可能对于一些班级的学生来说，公开课是一种负担，是被束缚了手脚的舞蹈，但是对于张晓杰的孩子们来说，这里已经成为他们时时期待的舞台。在一次课堂展示后，听课的领导和老师啧啧称赞："这个老师讲得真好，我从来没有听过这么有趣、这么精彩的数学课！"张晓杰说："我讲得并不精彩，精彩的是孩子们的思维。学生的思维本来就是这样绚丽多姿，只是我们不愿意给他们绽放的机会。"

数学课堂像一位步入中年的女子，不似英语般明媚靓丽，也没有语文的柔美温婉，却独有一份理性和睿智。高冷的她曾让很多孩子望而却步，作为一名数学老师，张晓杰想用自己对孩子们的爱和对数学的理解，为孩子们打开一扇窗，让他们看见数学的美好，也体会数学课堂的快乐。

爱让教育之路有人同行

因为孩子，张晓杰和家长们聚在一起，他们是伙伴、是战友，在教育的路上，他们用爱去唤醒更多心灵，为了孩子们的成长共同努力、一路同行。

1. 宝妈实习生

那天课间，张晓杰正在办公室批改作业，忽然一群孩子涌进来，七嘴八舌地说着，小青拉裤子了。张晓杰心里一紧，却故作轻松地说："哪有的事！"说着抬起脚向教室走去。进了教室，只见小青站在教室的角落里一脸尴尬，张晓杰走过去在小青的耳边说了几句，然后故意提高声音说："哦，原来只是肚子疼啊！好了，没事了，大家做下一节课的课前准备吧！"然后对小青说："到办公室老师给你揉揉肚子！"小青是寄宿生，他家离学校非常远，家长到学校至少要一个小时。出了教室，张晓杰将小青领回宿舍，找了条干净的裤子想给他换上。6岁的小男孩已经知道害羞了，站在那儿不愿动。张晓杰蹲下来拉起小青的手说："老师也有一个小弟弟，比你还大两岁呢。他尿裤子的时候，可都是我给他收拾的！"一个善意的谎言让小青放松下来。张晓杰帮小青洗了洗澡，换上了干净的裤子。

小青的家长来到学校的时候，小青已经是一身清爽。小青的父亲是个朴实的农民，听小青说是老师帮自己儿子洗得澡，他有些不好意思，连连说着感谢。这件事情之后，不仅小青跟张老师越来越亲了，连孩子的家长也变了，他开始关心孩子的学习，甚至还带来了自家种的大西瓜分给全班同学吃。张晓杰知道这是他对这个大家庭的爱，也是对班级工作的支持。同事开玩笑说："你个20出头的大姑娘，给孩子收拾起来还真是一点儿都不含糊。将来带孩子肯定不会错的。"

是的，现在的张晓杰不仅是一个老师，也是一个优秀的实习宝妈，她愿意带领孩子们去学习，也愿意照顾好他们的身心和生活。她在用一颗心靠近另一颗心，用一份爱去凝聚一个大家庭。

2. 家庭调解员

"老师，今天我是倒数第三！"小米欢快地说，看着她的小身影一蹦一跳地跑向队伍，张晓杰的心里长舒了一口气。

小米是班里一名不起眼的小女生，个子不高，声音不大，成绩不好不差，不强的存在感一不小心就会被忽视。要真说她有什么个性，那就是慢。说话慢吞吞，走路慢吞吞，收拾东西慢吞吞，写作业慢吞吞……从一年级开始就几乎没见过小米抢先或者着急的样子，好在安排的任务她都能在最后期限之前完成。只是升到五年级后，住在小米身上的"慢精灵"好像越发肆意起来。作业本到下课时才写了一半，上课踏着铃声踱进教室，放学最后一个站进队伍，课外实践拖拉到最后也没完成……

张晓杰打电话给小米的妈妈，小米妈妈也正头疼呢，说孩子最近在家也是这种让人抓狂的状态。一筹莫展的时候，小米妈妈的一句话让张晓杰打了个激灵，她说："以前这孩子回家就说我们张老师今天怎样怎样，最近回家也不怎么说话了……""孩子回家念叨老师，是喜欢老师、亲近老师的一种表现。小米不喜欢我了？"这个念头瞬间蹦出来。张晓杰开始细细反思最近在和小米的接触中自己的言行，经过梳理，答案出来了。最近随着小米出的状况越来越多，我和她的对话由教育到批评、由批评到不耐烦，也许问题不在小米，而在我，也许我该跟着小米的节奏慢下来。于是，做题时多在她耳边说几句指导她做题的悄悄话，放学收拾书包时帮她整理整理书本，上课时在教室门口而不是讲台上等她进教室……我在每个可以等她的时候放慢脚步等等她。效果似乎是有，却也时好时坏，让我一时摸不到头绪。

这样的状态持续了大约两周，直到一个课间，张晓杰在操场遇见小米。

她主动走过来说："老师，我觉得妈妈更爱妹妹。"

张晓杰有些讶异："为什么这样说呢？"

"妹妹今年开始上幼儿园了，总是活蹦乱跳，什么事情都比我做得快，妈妈一直表扬妹妹，还让我跟妹妹学。可我是姐姐，我觉得妈妈应该让妹妹向我学习。"

张晓杰恍然大悟，作为老师和家长，我们都快节奏地忙碌着自己的事情，却忘了站在孩子的角度听听她的心声、体会她的感受。之后张晓杰不时与小米妈妈进行沟通，小米妈妈意识到自己的疏忽，不断调整和小米的沟通方式。很快小米又变回了原来的小米，她还是很慢，可是她按时细致地完成任务；她还是很安静，但是她脸上常挂着笑容。

有时候，老师所处的位置能够看见家长看不见的景象，我们用心去创造美好、化解隔阂，让学校和家庭都成为孩子愿意停靠的港湾。

3. 一群"抢功劳"的人

春风柔软，春日融融，又一个春天悄无声息地来了。张晓杰被校园里的无限风光吸引着，手机突然响了起来，是许涵的爸爸，他说："张老师，天气暖和了，以前都是你组织咱班的孩子和家长一起出去聚一聚，今年我写了一个活动方案，我发给您，您看看合适吗？"以前每个春天张晓杰都会选一个周末带领班里的孩子们去踏青，有时候是挖野菜，有时候是举行亲子趣味运动会。今年的春天还没来得及思考呢！

这次活动的地点，许涵的爸爸选择了青州的经典景区云门山，活动主题、活动内容、行程安排、注意事项等，许涵爸爸都在方案中进行了周全的计划。他说："张老师您就给我们把把关，其他的事我们来做就行了。"活动那天，露娜爸爸给孩子们带来了气球等活动用具，紫萱妈妈也给孩子们带了水和糖果，曼丽妈妈给大家准备了奖品，于浩妈妈帮着组织学生点名，子凡爸爸和杨艺爸爸帮忙打条幅拍照。他们说，不能每次都让张老师操心又出力，我们家委会要做好孩子们的"后盾"。

活动组织得非常成功。更多的家长被带动起来，人人想出一份力、人人想尽一份心。作为班主任，张晓杰感到很幸运，也很感动。家长会上，她说："大家这是在抢我的功劳呀！"家长们哈哈哈笑了，教室里充满了快乐与和谐，也为孩子们的成长加满了动力。

4. 当一个老师成了妈妈

时间从指缝间溜走，却从不被发觉。转眼到了参加工作的第八个年头，产假一结束，张晓杰接手了新一年级并担任班主任。

开学第一个月，学生在校各种事情都需要养习惯，张晓杰深深明白，如果这时候掉了链子，之后再多倍努力都无法弥补。所以早上六点多到校，养课堂习惯、练课间秩序、中午陪用餐、饭后陪午休、放学后电话交流，一天下来很少正点儿下班，更不用说保证哺乳时间了。有时回到家，看到在门外眼泪汪汪地跟爷爷奶奶等妈妈回家的小宝宝，张晓杰心里总是一阵阵的愧疚和心疼，甚至自己也跟着宝宝红了眼眶。"每个孩子都是爸妈的宝贝，班里这35个孩子跟着我，得让人家父母放心才行。"张晓杰这样想的时候，又回忆起几年前那个叫小权的孩子。

难忘的生日

那天早上匆匆洗漱完，披上外套赶去上班，一开门和一个小身影撞了个满怀，低头一看，是小权，一个整天脏乎乎的孩子。这是接手这个班十天的时间里，我对这个孩子最深的印象。

"怎么这么早就到学校了？"

"老师，"他喊了我一声，然后把手伸进看起来好久没洗的裤子口袋，往外掏着什么东西，快掏出来的时候，用另一只手迅速盖住，有点儿神秘地递给我，"给你。"我伸手，他很宝贝地将东西放进我手里，竟然是枚鸡蛋！小权看我满脸疑惑，自豪地说："老师，那天我听见你说你的生日了，和我是同一天呢！过生日要吃煮鸡蛋！"我有些惊讶，今天不是我生日啊！转念一想，恍然大悟，这孩子把公历和农历弄混了。本想拒绝，可看着他满是期待的眼神，又有些不忍心。我好好谢了孩子的心意，收下了这份小小的生日礼物。

上午在办公室聊起这件事，办公室的老教师你一言我一语地说起小权的家庭。小权是单亲家庭的孩子，爸爸在他一两岁的时候去世了，妈妈身体不太好，因为带着个男孩很难再嫁，就一个人拉扯小权，除了种地也没有其他收入，生活拮据得很。听着这些，我忽然感觉很过意不去，这个在我这儿不讨喜的鸡蛋，也许对这个孩子来说来之不易吧。我该怎么办呢？退回去吗？也许会伤了孩子的好心。想来想去，我翻出班级联系方式，拨通了小权家的电话。接电话的是个男人，询问之下才知道他是小权的邻居，小权家是没有电话的。和小权妈妈沟通好中午留孩子在学校吃饭后，我请假去定了一个生日蛋糕。

中午放学后，我把小权留了下来："其实老师也知道今天是你的生日呢，老师特别喜欢你的礼物，今天就和老师一起过生日吧。老师也给你准备了一个小惊喜！"我带小权来到宿舍，当他看到桌子上的蛋糕时，惊讶地张大了嘴巴，看见我点头示意这蛋糕是给他准备的之后，他毫不掩饰自己的开心，手舞足蹈地又蹦又跳，没来得及点蜡烛，也没许愿，就迫不及待地用手抹了奶油塞到嘴里。整个中午，他滔滔不绝地和我说着，他说鸡蛋是妈妈煮给他的，他又偷偷带给我，他说这是他的第一个生日蛋糕，他说他很喜欢二年级教他语文的那个老师，他聊游戏、聊班级、聊梦想，聊一切从他脑海里蹦出来的话题。

看着小权吃着、说着、笑着，这样一个幸福的画面，却让我心里酸酸的。孩子不能选择自己出生在什么样的家庭，假如他有爸爸，假如他生活在一个即使不富裕但至少也不这样贫穷的家庭，他的生活、他的未来应该会美好得多吧！我兀自幻想、兀自唏嘘。然而，幸好这同情只是我的一厢情愿。孩子没有因为窘迫的家境而自卑，也没有因为残缺的家庭而寡言，他的脸上挂着发自内心的笑容，心里充满能够温暖他人的阳光。这一株风雨中的小草，没有被风雨击垮，反而变得更加坚韧。

只愿眼前这个单纯快乐的孩子，一直一直单纯快乐地生活下去，遇见温暖的人，经历温暖的人生。

——张晓杰

做了父母，便懂了天下父母心，懂了那份沉甸甸的爱和期待，把它当作一种鞭策，用心做教育。张晓杰曾说："我想让自己的孩子遇见一位怎样的老师，我就怎样对待班里的孩子们。"她这样说，也这样做。

爱的小树苗正悄悄长大

种下爱的种子，结出爱的果实。自从踏上三尺讲台，张晓杰在付出爱，也在收获爱。在爱的环境下成长的孩子快乐、幸福，懂得感恩，也懂得爱别人。

1. 为你堆一个雪人

要想在教学上取得成绩，自己的努力必不可少。更为重要的是，遇到困难时，同事们毫不犹豫伸出援助之手；陷入迷茫时，孩子和家长们充分信任我。对于教师来说，这都是值得珍藏一生的爱的收获。

2011年冬天，张晓杰去临沂进行为期五天的培训，这是她和孩子们的第一次分离。周四早上，她回到教室的时候，走读的学生还没有到校，寄宿的几个孩子围过来开心地问东问西，这时候我们的小班长说："张老师，你知道我有多想你吗？"张晓杰感觉他说话的语气很好地诠释了"真诚"这个词语，不似情人那般热烈，不像亲人一般含蓄。孩子看老师不说话便又加了一句："张老师，我真的可想你了！"说着，掉下两颗晶莹的泪珠儿，张晓杰有点儿慌了神，不知道该如何是好。这时其他几个孩子也开始你一言我一语地说道："张老师，昨天不是下雪了嘛，班长让大家一起堆一个雪人，做成你的样子，这样我们就可以看见你了。"听到这儿，张老师的眼睛不禁一热，赶紧扭头看着窗外的白雪，掩饰着眼中的湿润。这就是孩子们的感情，单纯而美好；这就是他们的表达方式，不做作不修饰；这就是做老师的幸福，可以收获最纯净的爱。

2. 生命中的小确幸

一年365天，大约有二分之一的时间身在学校，备课、上课、批改作业、和家长沟通、组织班级活动、处理接连不断的小情况……这就是张晓杰的日常。每天都重复着相似的工作，每天又在上演着不同的故事。没有太多轰轰烈烈，却从不缺少微小而又确实的幸福。

体育老师请假，体育课改为数学课，张晓杰暗暗观察孩子们的表情，除了几个特别爱跑动的小男孩儿一脸失落之外，其他同学或平静，或面带喜色，甚至还有一部分孩子拍手说好。张晓杰问："有这么开心吗？"孩子说："一天不见您呀怪想得慌，多上一节数学课也挺好的！"这可是占用了他们最爱的体育课呀！孩子们的反应让张老师不禁小小得自豪了一把。孩子们喜欢数学课，喜欢数学老师，甚至盼着上数学课，对她而言就是最大的肯定。

一天课程结束，张晓杰疲惫地趴在讲桌上，这时候，有两个孩子轻轻绕到她的身后，说了几句悄悄话后异口同声地说："老师我给你捶捶背。"接着背上出现了四个小拳头，敲敲这儿打打那儿。张晓杰对孩子们充满感谢，感谢他们的天真烂漫，他们给自己的生活涂抹上温暖的底色。

早上走进教室，黑板上歪歪扭扭地写着：老师辛苦了！晚上加班，几个上完晚辅导的孩子跑进办公室喊一句"老师你得早点儿休息"，然后急匆匆赶回宿舍。这关心，是一种幸福！

阶段质量评估，家长写下评语：孩子不擅长数学，可是他因为喜欢您，一直在努力，虽然努力的进展很缓慢，但成绩一直在进步。遇到您这样的老师，我们感到很幸运。这托付，是一种幸福！

孩子课后把半盒金嗓子递给张老师，说："老师您这几天上课嗓子有点儿哑，这是我妈妈嗓子不好的时候吃的，给您！"这体贴，是一种幸福！

"老师，我想和您说件心事，您要对我的爸爸妈妈和同学们保密！"这信任，是一种幸福！

微信上发了个状态说世界这么大，我想去看看，然后就收到一位家长转发过来的一篇文章，题为《女孩子外出旅游不可不知的事情》。这亲密，是一种幸福！

假期即将开始，孩子说："老师，我还是喜欢上学，能看见您和小伙伴们！"这依赖，是一种幸福！

假期里接到孩子的电话，"老师，我很想您！"这思念，是一种幸福！

送高年级毕业生那天，孩子们含着眼泪，说："我们毕业的时候肯定会更难过，会哭得稀里哗啦！毕业后我们要每天、每个星期回学校看看！"这不舍，是一种幸福！

没有太多跌宕起伏的情节，没有太多感人肺腑的故事，只有一张长长的"小确幸"清单。一份份小小的喜悦渲染开来，就像路边的灯火，一盏连着一盏，延伸下去，照亮了整个夜晚，温暖着整个人生。这就是张晓杰作为一名老师的幸福！

杨敬伟

用心呵护，静等花开

杨敬伟简介

杨敬伟，青州市云门书院双语学校数学教师。青州市教学能手，青州市优秀少先队辅导员。

自2007年参加工作以来，一直从事数学教学工作并担任班主任，在数学教学工作中积极探索数学教学规律，注重学生的数学思维训练，多次讲授青州市公开课和潍坊市教研课，先后被评为青州市教坛新秀、青州市教学能手。班主任工作卓有成效，特色班级工作得到家长和学校的好评，被评为"青州市优秀少先队工作者"。

杨敬伟心语

每一个孩子都是一朵即将盛开的花朵，每一朵花都各具特色，只要我们用心去观察、感受，相信每一朵花都会绽放出不同的精彩。

家长感言

八年，仿佛是一眨眼的工夫，你就这般长大了。人们都说孩子是慢慢长大的，可我觉得你这半年就长大了！

当你呱呱坠地，安静地趴在妈妈怀里的时候，妈妈觉得自己得到了天底下最最珍贵的宝贝。从你蹒跚学步、咿呀学语，到你第一次喊"妈妈"，每一个第一次都被妈妈牢牢地印在心里。从你第一次去幼儿园的彷徨不安，到你骄傲地仰着头对我说："妈妈，我是一年级的小学生了，我是大孩子了。"你知道妈妈看到你灿烂的笑脸时，是多么骄傲，多么自豪！

宝贝，你抚摸妈妈时的手好温柔，喝了你用心调的水好舒服，你给爸爸妈妈洗得脚好干净……爸爸妈妈感受到了你的孝心，也期望你时时用一颗感恩的心去尊敬师长、友爱同学。加油！孩子！

——徐辰昊妈妈　贾莹

用心呵护，静等花开

陶行知说过："真教育是心心相印的活动。唯独从心里发出来的才能打到心的深处。"每个孩子都是独一无二的个体，每个孩子的花期都不同，我们要从"心"开始，用"心"感受，用"心"沟通，用"心"启迪！成长，需要时间，需要我们静下心来，用心呵护，静待每一朵花开！

——题记

当"牛"碰到"牛"

刚刚开学第二周，班里的一个个"小霸王"们便开始初露锋芒。第二节课课间操刚刚结束，班里的小班长就急呼呼地跑到杨老师的办公室，对杨老师大声呼救："杨老师不好了！杨老师不好了！班里出事了，小A和小B打起来了，我们都拉不开了！快到教室里面看看吧！"杨老师刚刚离开教室还没两分钟就又出事了。杨老师内心的怒火开始燃烧，这次一定要好好杀杀这一帮"小霸王"的"霸气"。

杨老师走到教室门口的时候，两个人还都趴在地上呢！什么场景？小A拽着小B的耳朵，小B抓着小A的头发，两人都急红眼了，这架势非得干出个胜负啊！杨老师肺都气炸了！当时就拎着他俩往办公室走。到了办公室，问他们打架的原因，两个人都委屈地相互指责对方。就在两个人相互指责的时候，杨老师也大体了解到事情的原委：小A不小心碰掉了小B的书，小B口吐脏字，小A觉得小B做得不对，坚决不给他捡起来……就为了这样一件小事，两个人便大打出手。

就在杨老师准备对他们两个人"各打四十大板"，狂批一顿的时候，他忽然发现了一件让自己笑出声来的事情：两个人的头旋儿竟然都是两个！有句老话：一个旋儿的圣，两个旋儿的牛，三个旋儿的打架不要命！杨老师灵机一动，不但没有发怒，而是笑呵呵地对他们两个人说："原来如此！原来如此！"他们两个"丈二和尚摸不着头脑"，呆呆地看着杨老师。"你们两个人是'牛'碰上了'牛'啊，都有两个旋儿啊！两个旋儿的人就是牛啊！以后你们两人要相互监督，遇到事情三思而后行，不要依着自己的脾气做事情。记住杨老师和你们说的'你们是牛'啊！只要控制住自己的情绪，以后准能成大事啊！"两个小伙伴相视一笑，牵着手走出了办公室。

通过这次事件，两个小伙伴反而成了好朋友，两个人还相互监督对方做事，一定要冷静，多思考。而他们的学习成绩也有了很大地提高。一件小事使杨老师懂得了教育艺术之巧妙。

善待孩子的过错

开学之初，为了激励孩子，"红花"奖励机制推行得很有效。不少孩子为了得到一朵小红花，都努力地规范自己的行为。可这几天班中总有孩子遗失小红花，开始杨老师也没在意，因为有时也有孩子捡到小红花交给杨老师。杨老师想，可能是他们太粗心，自己弄丢了吧。可是一连好几天都是同一组的几个同学丢了小红花，而坐在这组中的小C的小红花却明显地多了起来。

杨老师开始不动声色地观察起他来。杨老师暗暗地记下每天奖励了他多少小红花。第一天杨老师奖了他五朵，第二天他拿了十朵来换。杨老师拉着他的手表扬了他在课堂上表现好，又很随意地问起怎么又有十朵小红花了啊。他说："是老师奖给我的呀！""老师每次奖励你们小红花都有记录的，你好像没有这么多吧？"他支支吾吾地不回答。杨老师告诉他，只有自己得小红花才光荣，别人的再多也没有意义。他说："我没有偷人家的。"杨老师知道如果说他拿别人的小红花，对他成长也不好，就微笑着告诉他："老师相信你绝不会拿别人的小红花的，可你的小红花数目与老师的记录不一样啊！""是人家给我的。""是谁呢？""某某！"杨老师把某某叫到跟前，笑着对他说："好朋友有好东西是应该分享，但是小红花可不能送人，那是你自己的荣誉，送给别人就什么也不是了。"结果，不出杨老师所料，某某说他从未把小红花送给他，谎言不攻自破。这时，他已经低下了头，杨老师想，孩子可能已经意识到自己不对了，给他个台阶下吧！"最近有很多小粗心总是把小红花弄丢，被你捡到了吧？"他点点头。杨老师教育他，捡到东西要归还或交给老师，告诉他，他就是一个很优秀的孩子，凭自己的表现一样会得到许多小红花。最后杨老师又说："这是咱们之间的秘密。"

不一会儿，他拿着四颗小星星来交给杨老师，并说："老师，这不是我的，给你！"杨老师把四颗星星换成了小红花，对全班孩子说："有个小朋友拾到了小红花，要归还失主。"看着他放轻松了，杨老师在心里默默地祈祷：孩子啊，愿你的明天更美好。

小C承认错误的勇气让杨老师感动：多勇敢的孩子啊！他是真的懂事了。杨老师很难想象，如果当初盲目地乱批评，今天的他会有怎样的表现。杨老师庆幸当时自己选择了宽容，庆幸在面对孩子的过失时，给予了充分的理解，正确指导孩子应如何看待荣誉，使他在意想不到的宽厚态度和宽松的环境中得到启迪，又及时联系家长发挥教育合力，让孩子对自己的行为后悔改过，杨老师相信他的明天一定会更好！

一道难题背后

一年级上学期期末考试刚刚结束，下午杨老师包班看班，很多孩子都想画画。正在这时，后面一个叫傅振翼的小男孩高高地举起了手，"报告老师，告老师！"杨老师笑着说道："老师怎么了，你要告老师？"这个孩子脸红红的，着急地说："不是告老师！是我有事情告诉老师。""好的，你说。"杨老师心想，傅振翼又要告同桌的状了，以往几乎每节课他都会告同桌一状。这一次出乎杨老师的意料，孩子慢慢地说："我想给同学们出一道数学题，可以吗？"

杨老师看着这个上课经常分神，身子整天趴在桌子上，腿老是放在凳子上的孩子，顿时感到这可能是一个很好的教育契机。"好的。什么题？你说一下吧。"孩子拿出一张纸，说道："把1、2、3、4、5、6、7、8、9，9个数字填到表格里，使横、竖、斜着的三个数相加都等于15。"杨老师说："你直接给同学们写到黑板上吧。"于是傅振翼工工整整地在黑板上出了题。

同学们看到这道题，先是一片嘘声，可是半节课过去了，没有一个孩子能够解答出来。离下课还有10分钟的时候，依然没有孩子解答出来。这时候，傅振翼站了起来："老师，我能给同学们讲一下吗？"杨老师点了点头。

傅振翼开始在黑板上细致地讲起了这道题，讲完之后同学们惊呆了，他的脸上却洋溢着成功的笑容。这还是平时总挨批评的傅振翼吗？这只是解答一道数学难题吗？这道难题背后还藏着什么呢？

难题背后是孩子的自信心。在数学学习的成败上，自信心非常关键。杨老师对傅振翼提出了表扬："敢于给同学出题，敢于给同学讲题，你太棒了！这正是老师最喜欢的行为，希望所有同学都向傅振翼学习。"半学期过去了，一道数学题使一个学忧生变成了敢于发声的优等生。

这件事使杨老师认识到，鼓励学生展示自我，是增强学生自信心的有效途径。勇于展现自我，是人生的价值所在，是每一个自信的学生所应有的品质。小学生年龄尚小，通过展现自己获得成就感，对于他们树立自信心显得尤为重要。

小学阶段是培养学生自信心的重要时期，自信心是战胜一切困难的金钥匙，以"天生我材必有用"为信念去支持学生、赏识学生、鼓励学生，培养学生的自信心，那么孩子一定能够成功！

邵英梅

书香润童年，阅读伴成长

邵英梅简介

邵英梅，青州云门书院英语教师。青州市优秀教师，少先队优秀辅导员，青州市师德标兵。

邵英梅心语

一个孩子的成长道路是漫长的。在这个过程中，老师起到的作用就不仅仅是"传道授业解惑"那么简单了。我始终觉得，无论孩子将来要走怎样的路，除了学习之外，必须走的一条路就是学做人。如果一个孩子的精神世界是匮乏的，只知道机械地学习，那么老师的教育注定也是一种悲哀。老师有责任和义务成为丰富孩子精神世界的引路人。

家长感言

儿子终于上小学了，我是既高兴又有些心焦。高兴的是，儿子长大了；心焦的是，儿子会不会和我上学时一样，最讨厌学习，最讨厌和书本打交道。

在复杂的心情下，我把儿子送到了学校。让我非常庆幸的是，儿子的班主任一看就是位和蔼可亲的老师。和蔼可亲的老师一定有耐心，这对调皮的儿子来说是一件好事。

开学一周后，我去参加儿子的家长会。会后，我是被老师点名留下的一批家长中的一位。我心中忐忑不安，一定是儿子太调皮，惹老师生气了。但邵老师告诉我，调皮是这个年龄段孩子的特点，她把我们这些家长留下的原因是想做一份小调查，问我们在家里有没有给孩子买过书，家长有没有看书的习惯，孩子在家里看不看书。

我是一位性格直率的人，见其他家长不说话，我就说："孩子才刚上学，不认识几个字，买了他也不会读，所以就没买。"

邵老师接着问："你在家里看书吗？"

"我也不看，这年代看书的没几个了吧，都看电视、看手机了。"

邵老师的眉头皱了皱，笑着说："这位家长很直率、很坦诚，谢谢你让我找到了问题的症结。"

原来邵老师留下我们这批家长是因为我们的孩子认字太少了，她猜想我们这批家长的教育思想和方法存在问题，所以才单独留下做说服教育工作，她特别强调了让孩子养成读书这一习惯的重要性。会后，邵老师给我们布置了给孩子买书、陪孩子一起读书的作业，并教给我们检查孩子作业的方法，约好每周单独和我们这些家长进行微信交流。

我原本就不是听话的"学生"，对儿子老师的话也没怎么放在心上。但一周后，邵老师的电话打来了，问我她单独布置的作业完成了没有，儿子开始读书了没有。我羞愧地告诉老师，我还没怎么开始。邵老师很严厉地告诉我，要想让儿子喜欢上学习，就要先让儿子喜欢上读书，做家长的必须配合老师。

在邵老师的监督和指导下，我开始给儿子买书，陪儿子一起读书。渐渐地，我发现原本调皮好动的儿子主动读书的时间越来越长，他的注意力也集中了不少，也能安静地坐下来写作业了，作业的正确率也越来越高了。

孩子的变化让我们家长很欣喜，我们非常庆幸遇到了邵老师这样的好老师。感谢邵老师对我们家长的指导，更感谢邵老师在教育上的坚持。是邵老师改变了我们家长，是读书改变了儿子。

为了儿子的成长，为了不辜负邵老师的努力，我要做儿子成长路上的好榜样，我要把我童年没读的书陪儿子一起读完，补上我童年没完成的作业，陪儿子一起成长！

——肖博皓家长

书香润童年，阅读伴成长

　　读书兴趣是一切学习兴趣的开始。一个喜欢读书的孩子，一定是一个会学习的孩子。为了孩子的长远发展，我们每个老师都要想办法培养他们爱读书的好习惯，每个班级都要努力营造良好的读书氛围，创建"书香"班级，从而让每个孩子好读书、读好书，做到"读书，为精神打底，为人生奠基"。

——题记

为懵懂少年开启阅读之旅

　　2016年，根据社会需求，云门双语学校创建了北校区，有农村工作经验的邵英梅老师主动请缨来到了北校区。接手新一年级后，邵老师很快发现了一大问题，班里百分之九十的孩子认字太少，孩子们的认字水平让邵老师有些吃惊。开学第一课，她首先给孩子们讲解学校的各种常规要求。当邵老师提到课堂常规时，有个孩子突然大声问："什么是常规呀？我不懂。"邵老师告诉他，常规就是每天必须做到的事情，可以理解成要求，今天先记住这个名词。在学习"就餐三字经"时，又有孩子问："什么是就餐呀？"邵老师耐心地告诉他就餐就是吃饭。更让邵老师吃惊的是，在领读了N遍之后，没有一个学生能够完整地领读。放学后，邵老师把"就餐三字经"拍了张照片，发到了班级群中，让家长带领学生读熟。但是，第二天早读课上能领读的就三个孩子：朱薪然，王晓旭，张若熙。是家长不教，还是生字太多，孩子学不会？因为是刚开学，所有家长都想让孩子在老师面前好好表现，不可能在家不教。那原因就是孩子们先前储备的知识太少了。在对孩子们的调查中，邵老师发现，北校区的孩子们识字少的原因不是读书少，而是不读书。怎么能让孩子们多识字，巩固认识的字呢？只有一个办法——读书。

　　高尔基曾经说过："书籍是人类进步的阶梯。"可见读书在人类发展历程中的重要作用。作为一名老师，特别是一年级的老师，邵老师觉得有义务和责任把学生们引到人类进步的道路上来。一个热爱读书的班级，它的班级氛围和学生的思想情操绝对不会差到哪里去，学生也会懂事明理，这样的孩子也肯定好管。这是邵老师作为班主任出于班级长远发展的思考。

为了孩子的长远发展，必须想办法开启阅读之旅，培养学生爱读书的好习惯。

用书香浸润儿童的心灵

在与孩子们的朝夕相处中，邵老师发现，读书使人进步的大道理孩子听不进去，但是表扬爱读书的孩子，会让所有学生的心灵有所触动。你越表扬，孩子读书的积极性越高，对书籍的热情也被慢慢激发。每次班队会，邵老师都会开设"读书心得汇报"小专题，让那些读过书的孩子汇报一下上周读了什么书，故事的大体内容是什么，从中学到了什么。一开始孩子的汇报只有寥寥几句，但汇报时那满满的自豪神情让所有同学羡慕。再加上邵老师富有激情的点评和奖励，孩子们的热情很快被点燃。

虽然孩子们读书的热情被点燃了，但是邵老师发现大部分孩子家里根本没有可读的书籍。于是邵老师就发起了"好书共分享"活动，发动同学们把自己心爱的图书带到学校，放在班级书架上，鼓励同学们有好书要互相交换看，换一本好书交一个好朋友。这一活动的开展，让家长们很快发现自己与他人的差距，那些家里没书可读的家长开始给孩子购买图书，班级图书角上的藏书很快充实起来。在第一次家长会上，邵老师向家长阐述书香班级的创建想法，这一想法得到了家长们的一致赞同，他们认真听取了邵老师对儿童读物的建议并用实际行动支持孩子们读书。在家委会的组织下，班里的家长们每学期都会征求邵老师的建议，给孩子们购买一批爱心图书。到现在为止，购买的图书已经有《小猪唏哩呼噜》上下册、《彼得兔系列图书》八册、《装在口袋里的爸爸》八册等。通过爱心家长的捐赠，"全班共读一本书""读书交流会"等活动也逐步实施开来。

在陪读的过程中，邵老师养成了一个习惯：每买一本新书，她都会开启全班共读一本书之旅。开头的几页由邵老师领读，领着学生渐入故事情节。然后每晚布置学生读七页，第二天早读课拿出十分钟抽查学生的阅读情况，直到把这本书读完。随着故事情节的推进，绝大部分孩子的阅读兴趣和热情提高了，阅读的习惯也在潜移默化地养成。

为了巩固学生的读书成果，邵老师为学生们搭建了班级读书成果展示舞台。全班共读一本书结束后，她会带领孩子们开展读书交流活动。虽然刚开始孩子们的读书感悟只有寥寥数语，而且大部分是家长帮着写的，但是对孩子们来说，这也是他们读书习惯养成的良好开端。交流会结束后，邵老师会根据每个孩子的表现给予奖励，奖品有家长购买的铅笔、本子，也有学校提供的本子、红黄笑脸等。老师的鼓励和小小的奖品就是孩子们读书最大的动力。

为了巩固学生们的读书兴趣，邵老师和她的同事们集思广益，不断尝试、创新，最后开发出了光影阅读课和有声阅读课。光影阅读课就是先让学生们看比较经典的少儿动画片，比如《猪八戒吃西瓜》《小蝌蚪找妈妈》《猴子捞月》等，再让学生们带着问题，通过音频了解故事情节，同时学习一些课外的生字词，拓展学生的课外知识，激发学生的读书兴趣。光影阅读课之后，下发故事的文字材料，让学生大声朗读，巩固光影阅读课的学习成果。在孩子们熟悉了故事之后，开展多种形式的展演活动，比如朗读故事片段、复述故事情节、挑选自己喜欢的片段进行故事表演、发挥想象力口头续写故事等。这两种课程的开发，大大激发了学生的读书热情，丰富了学生的读书之旅，他们被书香浸润的心灵之花慢慢绽放。

书香乐苑在活动中百花齐放

1. 故事引领成长

学校每学期都举行故事大王比赛，借着比赛的东风，邵老师在班内举办了故事大王比赛的初选。虽然大部分孩子的水平有限，准备的故事很短，讲故事时既没表情又没动作，但孩子们积极参与的热情非常高。为了提高同学们讲故事的水平，邵老师从网上下载少儿故事比赛的视频让同学们观看，不厌其烦地帮助参赛选手从发音、动作到表情一遍又一遍地练习。邵老师还根据故事的内容帮同学们制作头饰。虽然是一次小小的校内比赛，但邵老师抓住了比赛的契机，让孩子们在活动中收获和成长。

肖博皓是一个说话速度较快、发音口齿不清的孩子，但每次比赛他都会积极参加，而且家长也给他挑精选故事，帮助他流利地背诵下来。为了保持他的积极性，在班内初选时，邵老师并没有按评选标准简单地把他筛掉，而是帮助他调整语速和发音，抑扬顿挫地突出句子的重点。这个孩子很好学，邵老师纠正的内容，第二天他会再朗诵给邵老师听。在邵老师的精心辅导下，他在学校的第一届故事大王比赛中取得了第二名的好成绩。故事大王比赛虽然结束了，但邵老师依然关注他的读书情况，时时用微信跟家长交流。家长说这次活动对孩子的影响很大，从原来的家长督促读书，渐渐地变成了每天回家主动读书，而且他会把所读的书讲给家长听。一次小小的故事朗诵比赛，让他在读书之路上乐此不疲。

2. 争当读书之星

为了鼓励孩子们多读书、读好书，每学期邵老师都会在班内举办一次读书之星的评选活动。根据图书借阅本上的借阅情况，以及对所看图书的描述，再结合家长们的微信反馈，确定出读书之星的人选，并进行表彰。读书之星的评选大大激发了孩子们的读书热情。

刘昊鑫是一个活泼好动，喜欢课间跟同学在教室内打闹的孩子，这种行为给他自己和同学造成了极大的安全隐患。由于年龄小、自制力差，多次说教后，他的坏习惯仍不能彻底改变。邵老师经过深思熟虑之后，决定以让他课间有事可做的方式转移他的注意力。让他干什么有意义的事呢？引导他读书。走廊的书袋里有很多图文并茂的故事书，于是每个课间，邵老师都会领着刘昊鑫在走廊的书袋前读书，给他推荐简短的、趣味性强的故事书。一开始，刘昊鑫迫于邵老师的威力，只是装模作样地看，注意力很难集中到书上。邵老师并没有批评他，默读不成功，便改成让他给邵老师读故事。渐渐地，刘昊鑫被书中的故事情节吸引了，能做到专心致志地读书了。邵老师在班内及时给予刘昊鑫表扬，并选拔他担任收作业的小组长。刘昊鑫的阅读积极性更强了，不用老师监督，每个课间他都会找自己喜欢的故事书来读，打闹的坏习惯悄悄地变成了读书的好习惯。慢慢找到读书乐趣的他，晚上也养成了主动读书的好习惯。榜样的力量是无穷的。在他的带动下，喜欢和他在课间打闹的几个孩子也逐渐养成了课间到书袋前读书的好习惯。刘昊鑫在第二学期的读书之星评选中，得票最多。喜欢读书的他也慢慢改掉了上课说话、注意力不集中的坏习惯。读书让他从一个顽劣的懵童变成了优秀少先队员（学期末被评选为优秀少先队员）。

3. 我要上魅力梦想大舞台

现在的北校区由于班级数量少，每学年的素养展示至少有四五次。邵老师带领孩子们充分利用这个大舞台来展示班级形象和读书成果，先后进行了古诗新唱、经典诵读（必背古诗之外的经典）、主题古诗诵读、讲故事等展示。由于年龄小，孩子们的表演形式比较单一，但通过展示，孩子们的课外阅读量提升了，读书兴趣也得到了提高。特别是在二年级下学期的一次素养展示中，邵老师借鉴中央电视台《经典咏流传》节目，将活动进行了创新，把《经典咏流传》上的古诗进行了归纳，分批让学生们学习、背诵。唱不了的，改成诵读。孩子们诵读的每一首古诗，都会先由一个同学进行讲解，然后静心听原唱，熏陶情感。在这样的前提下，孩子们背诵的速度非常快，热情也非常高，有的诗句也能哼唱几句，特别是《苔》这首小诗，在邵老师的教唱下，全班同学都能跟唱。他们班别样的素养展示也得到了其他班级老师和同学们的一致好评。下面是他们班第一次"经典咏流传"的主持稿。

经典永流传

朱："中国正流行，经典咏流传。"《经典咏流传》把文学经典唤醒、擦亮，让古典诗词乘着歌声的翅膀尽情飞翔，飞入街头巷陌，飞入寻常百姓家。

凌：今天我们将中华优秀的诗词文化继续传承下去，把《经典咏流传》中的古典诗词朗诵给你听。

张：《苔》由清代诗人袁枚所作，歌颂了苔藓在阴暗潮湿之处盎然蓬勃的生命力。这首小诗告诉我们：我们即使拥有的不是最多，但依然可以像牡丹花一样绽放，我们不要小看了自己。

齐诵：白日不到处，青春恰自来。苔花如米小，也学牡丹开。

齐唱《苔》。

范：《墨梅》是元代诗人、画家王冕的一首题咏自己所画梅花的诗作，诗中所描写的墨梅劲秀芬芳、卓然不群，不仅反映了他所画梅花的风格，也反映了作者的高尚情趣和淡泊名利的胸襟，鲜明地表明了他不向世俗献媚的坚贞和纯洁的操守。

齐诵：吾家洗砚池头树，朵朵花开淡墨痕。不要人夸颜色好，只留清气满乾坤。

刘：《声律启蒙》为清朝康熙年间车万育所作，其中声调、音律、格律等都具有代表性。

齐诵：云对雨，雪对风，晚照对晴空。来鸿对去雁，宿鸟对鸣虫。

三尺剑，六钧弓，岭北对江东。人间清暑殿，天上广寒宫。

沿对革，异对同，白叟对黄童。江风对海雾，牧子对渔翁。

颜巷陋，阮途穷，冀北对辽东。池中濯足水，门外打头风。

凌：《敕勒歌》选自《乐府诗集》，是南北朝时期，黄河以北的北朝流传的一首民歌。民歌歌咏了北国草原壮丽富饶的风光，抒写了敕勒人热爱家乡、热爱生活的豪情。

齐诵：敕勒川，阴山下。天似穹庐，笼盖四野。天苍苍，野茫茫。风吹草低见牛羊。

朱：《明日歌》由明代文人钱福所作。诗作告诫和劝勉人们要牢牢抓住稍纵即逝的今天，不要把任何计划和希望寄托在未知的明天。

齐诵：明日复明日，明日何其多。我生待明日，万事成蹉跎。世人若被明日累，春去秋来老将至。朝看水东流，暮看日西坠。百年明日能几何？请君听我明日歌。明日复明日，明日何其多！日日待明日，万事成蹉跎。世人皆被明日累，明日无穷老将至。晨昏滚滚水东流，今古悠悠日西坠。百年明日能几何？请君听我明日歌。

张：《登鹳雀楼》是唐朝王之涣仅存的六首绝句之一。诗人登上这座依山傍水的鹳雀楼，一幅博大的、动态的图画就展现在他的面前，山是静的，落日余晖，水是动的，奔腾入海，苍茫大地，尽收眼底。视野顿时开阔，灵感也随之而来。

齐诵：白日依山尽，黄河入海流。欲穷千里目，更上一层楼。

范：《卜算子·咏梅》是毛泽东读陆游同题词之后，"反其意而作"。写作于1961年。描写梅花的美丽、积极、坚贞，不是愁而是笑，不是孤傲而是具有新时代革命者的操守与傲骨。借梅花的美丽、积极、坚贞来吟诵革命者的操守与傲骨。

齐诵：风雨送春归，飞雪迎春到。已是悬崖百丈冰，犹有花枝俏。俏也不争春，只把春来报。待到山花烂漫时，她在丛中笑。

四个主持人齐："最是书香能致远，腹有诗书气自华。"同学们，让我们与经典同行，与圣贤为友，用最高亢的声音诵读经典，用最昂扬的激情书写青春，用最执着的信念成长为中华文明的传承者。

书香家庭悄然诞生

书香班级的创建需要家长的大力支持和配合，家庭书香氛围的营造也非常重要。邵老师每次召开家长会时，都会讲解阅读对于学习和孩子成长的重要性，提醒家长不要一味地只给孩子买书，最主要还是督促孩子看书。在孩子没有养成独立阅读习惯之前，家长们要放下手机，陪孩子一起阅读。邵老师还利用班级微信群教给家长们一些培养孩子独立阅读的好方法。比如朗读，对刚接触读书的孩子来说，大声朗读是最有效的方法，但是读的时候也要有策略，如家长孩子交替读（家长读开头，到了故事展开的时候孩子就有兴趣自己读下去了），分享读（在每天的阅读中找出自己喜欢的一段，可长可短，读给全家人听）。并鼓励家长在班级微信群中多多交流陪孩子阅读的心得，分享自己的好经验。通过交流和分享，家长们既能看到自己的不足，又能学到其他家长的好经验，对所有家长来说这都是一种鼓励和督促。

为了激发孩子们的阅读热情，检阅孩子们的读书成果，让阅读从我做起，让诵读从小做起，让读书成为习惯，邵老师和班级家委会商讨开展了"我与春天有个约会"的户外亲子共读研学旅行。这次研学旅行检阅了孩子们的读书成果，让更多的家长看到了自己孩子在读书方面与他人的差距，家长之间也交流了亲子共读的经验。活动助推更多的家庭走进阅读天地，助推孩子读书习惯的养成。

每年的儿童节，邵老师都会组织以"读书"为主题的亲子活动，讲故事、朗诵、歌舞表演。活动结束后，由家长和孩子做评委，评选出十对最佳的亲子组合。家长们表示，亲子活动大大激发了孩子的读书热情，很高兴能陪孩子参加这样的活动，见证孩子的成长。

亲子读书活动的开展让多年不曾读书的家长放下了手机，拿起了久违的书本。很多家长感慨：大人和孩子一起看书时，孩子看得特别认真。孩子没有读书的习惯，主要是家长没有从小做好引导，更没有做好榜样。为了孩子的健康成长，家长要和孩子一起拿起书本，养成读书的好习惯。在邵老师的教育和引导下，他们班越来越多的家长意识到了家庭读书氛围建立的重要性，越来越多的家长加入陪孩子一起阅读的队伍中，越来越多的书香家庭在悄然诞生。

我读书，我快乐，我成长

读书对孩子的影响是显而易见的，那群懵懂少年的精神世界不再是空白的，他们和"小鹿斑比""小猪唏哩呼噜""彼得兔"成了好朋友，他们也像"装在口袋里的爸爸"那样展开了想象的翅膀。孩子们以书为友，快乐成长。

下面是孩子们在一年级学期末暑假的游记。

假期登山记

天才刚刚亮，还是睡眼蒙眬的我就被妈妈带去爬山了。沿途绿意盎然，让我一下子精神起来。我无比期待今天的行程。

不知不觉来到了山脚下，我撒开妈妈拉着我的手，蹦蹦跳跳地向山顶"冲锋"，把妈妈远远地甩在身后。微风中，大树在向我招手，小草在对我点头，我开心极了！

随着海拔增高，山势越来越陡峭，路也变得崎岖，我大口喘着气，腿也抽筋似的挪不动，只好一屁股坐在台阶上，眼睁睁地看着离我越来越近的妈妈，却无力再走。"怎么了？"妈妈走过来问道。"太难走了，我不想爬了！"我抱怨道。妈妈严肃地对我说："我们怎么能遇到挫折就畏缩不前呢？你长大以后一定会遇到更多的困难和挫折，不坚持怎么能够成功呢？"我羞愧地低下了头，心想，我今天一定要爬到山顶。

在妈妈的帮助下，我成功地爬到了山顶。眺望远处，想到爸爸教我的一句古诗"会当凌绝顶，一览众山小"。我突然明白，只有经历挫折、克服困难，才能获得最后的成功。以后我一定不能轻言放弃，要坚持到底，认真做好每一件事。

——陈岳铭

大海，我来了

七月十六日，爸爸、妈妈带着姐姐和我来了一次说走就走的旅行——青岛之旅。

坐上去青岛的火车，我一直在想，大海真的是好大好大吗？海上是不是真的有海鸥在飞翔？海浪真的是一个接着一个吗……

经过两个多小时的行程，我们终于到达了期盼已久的海边。原来大海是那么的无边无际！一排排的浪花就像妈妈的手，抚摸着我的小脚丫。金色的沙滩软软的，留下了我的小脚印。一群海鸥在天空中翱翔，远处的轮船自由地航行。我高兴地把手放在嘴边做成喇叭状，对着大海高喊："大海，我们来了！"

一天的时间很快过去了，我悄悄地和大海约定，明年再见！

——王晓旭

滨海欢乐海滩游玩记

我的愿望终于实现了，我们要去滨海欢乐海滩，我高兴得手舞足蹈，我的心就像怒放的花朵一样，开心极了。

一大早，爸爸开着车载着我们去往海滩，坐了两个小时的汽车，终于到达了海滩。一下车，一股海腥味扑鼻而来，姐姐和我高兴地跑到水边，看到海里有螃蟹、鱼、蛤蜊……沙滩上和水里游泳的人们都在高兴地玩耍着……还有碧蓝碧蓝的天空和雪白雪白的云朵，可美了！我不禁喊道："海边太美了！"

令我印象最深的是抓螃蟹。一些大螃蟹横行霸道，那些小螃蟹却很胆小，看见我们就东逃西窜。它们也很狡猾，总是躲在洞里不出来。这时妈妈告诉姐姐和我，只要放一点儿带腥味的肉或蛤蜊，他们就会闻着味出来。我们按照妈妈的方法去做，果然螃蟹都出来了，我们急忙就去抓，不一会的工夫就抓了大小不一的几十只。

不知不觉中，太阳下山了，我们带着"战利品"高高兴兴地回家了。

今天我玩得好开心呀！以后有时间我会再来的！

——房欣昊

下面是孩子们二年级学期末暑假的游记。

博山游行记

我期盼已久的朝阳美校研学旅行终于来啦！经过几个小时的车程，我们到达了此行的目的地——博山。

同学们在老师的带领下，有秩序地下了车。首先我们来到了中国课本博物馆，我们一进大门就感受到了古典文化的气息，正在同学们不断发出感叹的时候，博物馆的讲解员阿姨来了，为我们耐心地讲解起了馆里的每一件展品，比如活字印刷术、战争时期的电影、许多古代的家具等等。同学们都竖着耳朵认真地听着每一个知识点。通过讲解员阿姨的讲解，同学们都学到了很多平时在课堂上学不到的知识，这次参观真是让我们大开眼界啊！

时间在不知不觉中流逝，到了吃午饭的时间啦。老师召集我们大家先照了一个全家福留念，接着就来到了酒店。到了酒店，同学们迅速地站好队，等着老师的安排有序就餐。看着酒店的工作人员为我们准备的丰盛午餐，每个人都快流出口水来了！好吃的就不给大家一一介绍了。总之很多好吃的。吃过午饭，大家就回到了酒店的房间午休。

午休后，老师又带领我们来到了琉璃博物馆。这里全都是各种各样的陶瓷和琉璃，可谓琳琅满目，品种繁多啊！讲解员阿姨又给我们一一介绍了它们的制作过程，介绍完以后又让我们亲手制作泥塑和鼻烟壶。通过动手操作，我们都感受到了认真学习的重要性。以后不管做什么事，我们都要认真耐心地去学。

就这样，充实的一天圆满结束了。多么美好快乐的时光啊！我爱研学，我爱博山！

——朱薪然

长岛之旅

盼望已久的暑假终于到了！爸爸答应带我去海边玩，我还约了我的好朋友小贝贝、小彤彤，还有杨博。

我们先开车来到蓬莱，然后坐游轮到了长岛。第二天一早，我们先去了一个叫九丈崖的地方。这里的大海一望无际，碧蓝的天空中飘着几朵白云，还有几只海鸥在空中飞翔，沙滩上堆满了好看的鹅卵石。我们几个兴奋地捡了起来，我边捡边说："这个圆圆的、滑滑的鹅卵石真漂亮！"我看到妈妈捡了一块灰色的石头，上面还有纹路，椭圆形的，很特别。我说："妈妈，我们捡一些漂亮的石头拿回家吧。"妈妈说："好啊。"于是我们高兴地边捡边讨论着哪块石头更好看，不知不觉，我们已经捡了一袋子了。在我们正开心的时候，一个大浪突然冲过来，把我的小脚丫淹没了。我觉得踏浪更刺激、更好玩，于是我和小贝贝手牵手一起往里面走去，接着又来了一个大浪，我们还没来得及躲闪，大浪就冲过来了，把我们的衣服打湿了，但我们还是很开心。一排排海浪向我们冲来，我们故意不躲开，任凭大浪向我们冲来。海浪冲过来的时候，海水进到了我的嘴里，海水咸咸的，我赶紧吐出来。没想到紧跟着后面又来了一个浪，这回从头到脚全被打湿了。海浪退下去的时候，我发现我的脚上有两串海带。于是我们又从浪中捡海带，还比赛谁捡的海带多，玩得不亦乐乎。

由于玩得太开心了，我们都没听到妈妈喊我们离开，最后还是妈妈拉着我们回去的。我们依依不舍地离开了。虽然我们的衣服全都湿透了，但是我们非常开心！回去的路上，妈妈还给我买了一件礼物当作纪念品。接下来的两天我们又去了好几个景区。这次旅行，我感觉既开心又难忘。

——范睿琪

难忘的研学之旅

在一个阳光明媚的早晨，怀着欢快的心情，我参加了朝阳美校去博山的研学旅行。

首先，我们走进了中国课本博物馆，在那里，讲解员阿姨给我们讲述了中国课本的演变过程。从四大发明之一的活字印刷术，到各个时期的课本，再到不同年代的学堂，20世纪60年代的自行车，以及战争时期的电影，我们都一一参观了。参观完博物馆后，我们又去人立大厦吃了一顿大餐。

中午休息片刻后，我们开始了下一段旅程——参观琉璃博物馆。我们首先到了二楼，二楼主要是陶瓷，讲解员阿姨给我们讲述了许多有关陶瓷的知识和历史。看完陶瓷后我们到了三楼，一进三楼就看到一面特别的墙壁，它是用160块琉璃拼组而成的，它不断变化颜色，绚丽多彩。我深深地被它吸引住了。我在这壮观的墙壁面前停留了许久不肯离开。在讲解员讲解的过程中，我们不仅认识了许多制作琉璃的专家，还动手做了泥塑、鼻烟壶等。

不知不觉天黑了，我们结束了美好的旅程，回到酒店吃了美味的晚餐，带着快乐的心情又回到了宾馆。晚上我做了一个甜甜的梦。

这真是一次难忘的研学之旅！

—— 凌家玥

王 媛

星星萤火，点缀一路书香

王媛简介

王媛，青州云门书院语文教师。

王媛尊崇陶行知的教育理念，坚信"学高为师，身正为范"。她自小受家族影响，立志做一名教师。她喜欢与孩子们在一起，她有耐心、有责任心，平等对待每一位学生，致力于发现孩子们的闪光点并加以引导。从教两年来，她创建了"萤火书屋"特色班级。她用阅读帮助孩子们叩响学习的大门。

王媛心语

读书可以提高人的素养，开阔人的视野。与圣贤为友，与经典同行，美文美心，从而塑造优美人格。作为一名小学语文教师，我更喜欢教我的学生感受读书的乐趣，品味书籍的魅力。萤火书屋，用星星萤火引领孩子们一路书香，快乐成长。

家长感言

亲子阅读，书香万里

读书，不单纯是为了"读书破万卷，下笔如有神"，更不是因为"万般皆下品，唯有读书高"，而是因为书是我们生活中必不可少的东西，能丰富我们的人生。生活里没有书籍，就好像没有阳光；智慧里没有书籍，就好像鸟儿没有翅膀。

我们是一个三口之家，孩子出生后我们就一直在琢磨该如何给孩子最好的教育。毕竟社会发展到现在，教育水平在不断提高，每个家长对孩子的早期教育都十分重视，家长都不想让孩子输在起跑线上，所以早期教育成为每个家长都重视的问题。我和孩子爸爸深知读书对孩子的影响之深，从小就特别注重对孩子读书兴趣的培养。

正式开始读书是在孩子不到两岁的时候，最开始是给孩子买各种绘本和比较简短的故事书，开始也是抱着试试看的心理每天给孩子读，坚持了一段时间后发现孩子能很好地将一些简短的故事背诵出来，并且对读书越来越感兴趣，每天吵着要听故事，我很惊喜，于是开始给孩子买各种图书和杂志，制订读书计划。

孩子三四岁的时候，主要是以阅读各种幼儿画报和绘本为主，我每年都会给孩子订购《幼儿画报》《嘟嘟熊》《东方娃娃》《幼儿智力世界》等幼儿杂志，这既培养了孩子的阅读能力，还增长了孩子的知识。同时，我们也结合一些幼儿绘本及《走迷宫》《找不同》《左脑加右脑》《宝宝讲故事》等书籍培养孩子不同方面的能力。

孩子大一点儿后就对一些故事情节稍微复杂的书籍感兴趣了，我们就选择了一些比较有代表性的书籍给孩子阅读，像《一千零一夜》《格林童话》《伊索寓言》《安徒生童话》《小鹿斑比》《吹牛大王历险记》《小王子》《木偶奇遇记》等等，让孩子通过读书来开阔视野，丰富想象力。

孩子上一年级之后，已不再满足于一些简单的故事情节，开始对一些悬疑和冒险故事感兴趣。我们结合孩子的阅读特点给孩子选择了很多系列图书，像《大侦探福尔摩斯——小学版》《老鼠记者》《装在口袋里的爸爸》《神奇校车》《神探猫破案冒险集》《神犬探长》等系列丛书，接下来我们的目标是将《哈利·波特》整套读完。

孩子从小到大都有我们家长陪伴读书，我们觉得陪孩子读书是件特别幸福的事情，乐在其中。在孩子学习知识的同时，我们也学到了很多，并沉浸在书的世界里，享受各种跌宕起伏的故事情节。我们可以跟孩子很好地沟通书中的故事情节，讨论书中主人公的一些特点，在良好的家庭气氛中，营造良好的学习氛围。从孩子两岁到现在，我们家一直保持着每天阅读书籍的习惯，读书已经成为我们生活中必不可少的部分，以后我们还会将这个习惯继续保持下去。

培养书香家庭最重要的是家长要以身作则，父母要给孩子做一个好的表率，以达到潜移默化的效果。交给孩子一把书籍阅读的钥匙，让他们开启学习的大门。让我们父母与孩子共同努力，一同打造书香家庭，让书香飘万里。

——刘家旖妈妈　孙秀杰

星星萤火，点缀一路书香

"读书是一种清福，这种境界被吴延康说得直白：'读书身健即是福，种树开花亦是缘。'好一个读书人，好一片读书的心境。我们不是哲学家，能从一滴水中看世界，从一朵花中参悟人生，但我们可以像吴延康这样，静静地做个读书人，在一片芸芸众生里感悟人生，收获快乐。"

——题记

时光的年轮又增一圈，记忆中的苦与乐也愈见清显。王媛很荣幸在工作之初便遇见和睦如家人的同事、认真负责的师父、听话懂事的学生，让她本应铺满荆棘的教师之路一路欢歌、一路芬芳。

有人说，人生有三大幸运：上学时遇到一位好老师，工作时遇到一位好师父，生活中遇到一个好朋友。作为一名双语人，王媛很幸运在工作中遇到了几位好师父：孜孜不倦、一心为工作奉献的陈鸿师父，教会她如何备课，如何绘声绘色地讲课，教会她在语文学科中带着孩子们飞翔；兢兢业业、勤恳育人的黄玉红师父，教会她如何与孩子相处，让她体会到了更多学科以外的知识；简单朴实又不乏风趣幽默的田英师父，是她烦琐复杂工作中的"开心果""调味剂"。与师父们在一起，王媛每天都能从他们身上汲取营养，让自己快速成长。

读书，使人眼中有目标，心中有方向
——榜样在前，责任在肩

有一个孩子每天向前走去，他看见最初的东西，他就变成那东西，那东西就变成了他的一部分……

——惠特曼

　　清晨，阳光还不曾洒满整个大地，住在学校单身宿舍的王媛匆匆吃过早饭便来到教室。她打开窗户，原本闷闷的教室里空气清新起来。她精心侍弄自己种的花草，而后拿着拖把认真地清理教室的角角落落……忙完这些，她还记得自己的本职工作——带领孩子们清理卫生区。为了节约时间，让孩子们利用早上这大好时光多读点儿书，她总是自己带着笤帚、簸箕、垃圾袋先来到卫生区清理起来。等孩子们像快乐的小鸟儿叽叽喳喳走进校园时，就只剩下收垃圾了。很快，一双大手、几双小手就把垃圾清理干净了。每天都是从忙碌而愉快的清晨这样开始的……

　　一切准备就绪，学生们开始进校了。刚上东楼梯，一阵温和而又严肃的声音响起："先整理书包，把作业都摆到桌面上，组长立刻收齐交给任课老师""拿出英语（或语文）课本，大声、有感情地朗读"……这是双语演讲课开始之前几分钟的场景，直到第一节上课老师走进教室，上课铃声响起，王媛才会回到办公室开始批改家庭作业。

　　也曾有人问起：每天重复这样的工作不觉得烦吗？王媛是这样回答的："我的几位师父都是这样做的，她们也没觉得烦啊。作为她们的徒弟，总不能给她们丢脸抹黑呀！"说完这话，她总是微微一笑。其实，师父是榜样，自身的态度与努力才是她不认为工作烦琐的主要原因。她时常用"榜样在前，责任在肩"这句话勉励自己，不求超越师傅们，但至少要尽自己最大的努力做到与师傅一样好，才能问心无愧。

读书，使人聪颖智慧、志存高远
——星星萤火，一路书香

　　生活里没有书籍，就好像没有阳光。

——莎士比亚

1. 觅一处乐园——"萤火书屋"的创建

　　作为一名小学语文教师，王媛喜欢读书，她也更希望教她的学生去感受读书的乐趣，品味书籍的魅力。担任北校区一年级班主任后，她印象最深的是由于学前教育、家庭等因素的影响，孩子们的基础相对较弱，家长也多是个体户或务农、务工的低教育水平者，自身水平有限。虽然他们对孩子的学习成绩要求严，但是没有具体可行的指导方法。结合学校开展的"书香校园""读书月"活动，她将班级定位为书香班级，大胆地尝试在班级活动中创设书香四溢的班级文化……通过一系列活动促进学生与好书为友，提升学生综合素养，为学生终身阅读、终身学习奠定基础，让阅读伴随学生成长，建设愿读、乐读、善读的读书集体，让书香飘满班级。人的一生是随着阅读而不断丰富的，读书的厚度决定人生的高度。所以，班级名称中的"书屋"正取于此。

"萤火"一词取萤火虫自身携带光芒的特点，而每个孩子都像是一只小小的萤火虫，虽自身有优点，但其光亮是有限的。如果把孩子们聚集到一起，让他们学会团结、合作，集大家的智慧，定会散发出更大的光芒。她希望可以借助读书来开阔孩子们的视野，也使他们从书中学会合作、学会团结。

作为班主任兼语文老师，王媛对书香班级的建设是责无旁贷的。因此，制订特色班级活动计划及具体实施措施，后期跟进，组织活动，顺利开展活动，协调各成员工作等都必须落实到位。而班级就像一台机器，机器的运转需要发动机的带动，班主任正是班级这台机器的发动机。但是，班级建设只靠"发动机"运转是无法完成的，还需要各零件的互相协调、配合，这就需要副班主任以及各任课教师的参与。所以，副班主任及各任课教师根据活动需要参与活动，协助完成班级活动的组织与安排。

如要让孩子们也参与到这台"大机器"的运行中来，就需要调动家委会成员及各位家长的积极性，借助家长之力推进各项活动的顺利开展。

2. 添一缕幽香——书屋建设小成果

（1）建立图书角。一年级开学伊始，他们班便开始着手成立自己的图书角，并建立了一支优秀的图书管理队伍。3个图书管理员认真负责，将图书管理得井井有条。孩子们也遵守规定，养成了非常好的借书、还书习惯。孩子们还为自己的"书屋"写了介绍词，并拍摄成视频发到班级群中，赢得家长们的好评。

图书角建立情况介绍

大家好，我是"萤火中队"图书管理员李禹璇，接下来由我为大家介绍我们的图书角。看！这是我们班的图书角，有童话故事、名著、科学书籍、探寻迷宫类书籍……每天午休起床后，大家都会自觉地来这里排队借书。其中，探寻迷宫类书籍被同学们借阅得最多。看来，大家都喜欢探险呢！

瞧！这是我们这一学期的图书借阅记录，整整厚厚的一本呢！我们班的阅读兴趣是不是很浓呀！

——萤火中队　李禹璇

更值得一提的是，图书角的图书主要是孩子们从家中带来的，没有固定本数的要求，也没有特意指定由谁带。但是，几乎每周王媛都会收到孩子们从家中带来的书籍，少则一两本，多则四五本。孩子们先将书交给王老师审阅，合格的就会粘贴标签，摆放到图书角。孩子们刚开始借书的时候，并不懂得爱惜，经常出现折角、掉页的情况，几乎隔几周就要修补一次。经过观察，王媛猜测这可能跟孩子们身高有关系。后来，她在教室中示范如何将借阅的书进行整齐地摆放，折角等现象减少了，但是偶尔还是会发生。这时，他们班高个子的程炜皓、朱万桐、陈奕帆等同学主动申请为同学们摆放书籍。看，"小萤火虫"的精神已慢慢在孩子们的心中发芽。此外，他们也会定期在班级中开展争做图书角"管理员"、争做图书角"热心读者"、介绍一本好书等活动，促进班级阅读文化的形成。

（2）开展"好书我推荐"活动。在班级群中，有很多乐于分享的家长，刘家旖妈妈便是其中一位。她经常将自己的一些见解发到群中与家长们讨论，也会不时推荐一些优秀书籍。就在这个暑假，刘家旖妈妈和王熙喆妈妈在班级群中就孩子们目前看的书籍进行了比较、归类。刘家旖妈妈决定在开学前给孩子们订购一套"揭秘海洋"系列图书，这套书中有3D画面展示，相信开学后会博得孩子们的眼球！

在班级中，孩子们之间也会定期开展"好书我推荐"活动。孩子们将自己读到的有趣的书籍带来学校并推荐给大家阅读，谁推荐的书读者最多，他（她）还会获得"好书推荐小达人"的称号。王熙喆是最近一期评选出的"好书推荐小达人"。瞧，他正在给同学们推荐最近刚读的《傻鸭子欧巴儿》。

好书我推荐

大家好，我是王熙喆。马上就要上二年级了，认识的字渐渐多了起来。爸爸妈妈给我买了很多书：《昆虫记》《一只想飞的猫》《揭秘太空》《小王子》《十万个为什么》《木偶奇遇记》等。

我最喜欢的一本是《傻鸭子欧巴儿》，今天我要推荐给大家阅读。这是一本既有趣又感人的书。欧巴儿是一只出生在养鸭厂里与众不同的"傻"鸭子。在鸭场里有一句口号："猛吃猛喝猛睡，以胖为荣，以瘦为耻。"但是欧巴儿从不和大家争夺饲料，宁愿自己饿着也不和大家争抢，他总是想和大家友好相处，为别人着想。

欧巴儿有一颗善良而勇敢的心。他受老鼠的气，却饿着肚子把自己的饭给老鼠吃，只为不让老鼠咬老黑管的乐器盒子。他奋勇救出纺织娘夫妻，还刻苦学唱，终于由"公鸭嗓"变成歌唱家。为了帮老黑管找到日夜思念的小孙子，他费尽周折，不幸得了急性肺炎，永远地闭上了眼睛。

读完这本书，一幅幅感人的画面浮现在我的眼前，欧巴儿的生命虽然短暂，但他为周围的人带来了快乐。同时，我明白了同学之间要友好相处、互相帮助，在学习上要勤奋努力。我要做一个善良勇敢的男子汉，帮助他人。

——萤火中队　王熙喆

通过创建班级图书角、开展读书活动，孩子们逐渐学会谦让，懂得团结，从中悟出每个人都像自带光芒的萤火虫，虽然自身亮度有限，但是集体的力量无穷，从而增强了他们的团队合作意识，加强了班级凝聚力。

（3）制作提问记录卡。在开展"全班共读一本书"活动中，王媛老师十分重视孩子们的思考。在读《神奇校车——在人体中游行》和《月光下的肚肚狼》时，孩子们做了精美的阅读提问记录卡。经过老师的引导，孩子们提问的形式也多模仿检测试题，如简单问答题：肚肚狼一生中说得最多的话是什么？发散思维题：你喜欢肚肚狼吗？为什么？孩子们在读的过程中边想边问，读完整本书后，他们会用一节课的时间进行全班讨论、交流，小组之间发起挑战，从而激发阅读兴趣。

（4）分享读后感。随着读书活动的开展，孩子们不仅越来越喜欢读书，还愿意将自己的读书感悟分享给大家。家旖在"书香家庭"评选中获二等奖，这离不开家长对阅读的重视。别看她还只是一年级的小学生，她却经常在读完一本书后，写出几百字的读后感拿到学校请王老师修改，每次修改后，她都会像得到宝贝一样开心得不得了。

《好心眼巨人》读后感

最近我读了一本书，名字叫《好心眼巨人》。刚看了几页，就被曲折动人的故事情节吸引了，我特别喜欢这本书。这本书讲述的是：在一个深夜，孤儿院的小姑娘索菲在街道上看到一个拿着大喇叭的可怕巨人，巨人发现了索菲，便把她抓走了。索菲既吃惊又害怕，她很吃惊世界上竟然有巨人存在，又很害怕巨人会吃掉她，并且幻想了各种巨人吃掉她的方法。但是后来，索菲发现这个巨人心眼很好，他不吃人，只吃难吃的大鼻子瓜，所以这个巨人的名字叫"好心眼巨人"。

在他们巨人王国里，一共住着10个巨人，其他9个巨人都比好心眼巨人高大得多。而且这9个巨人都吃人，只有好心眼巨人除外。索菲住在好心眼巨人的山洞里，他们两个人相处得很好。那些吃人肉的巨人也都有自己的名字，如吃人肉块巨人、肉油滴滴答巨人、大吃特吃内脏巨人等等，它们共同的爱好就是吃人。好心眼巨人却不是，他宁愿吃恶心的大鼻子瓜，而且还会为小朋友们制造各种美梦，在每天夜里送给小朋友们。后来，好心眼巨人和索菲都恨透了吃人的巨人，他们联合英国女王，运用智慧，最终战胜了可恶的吃人巨人。

这部小说非常刺激，情节扣人心弦，让人很想一直看下去。看完这本书，我不仅觉得它精彩，还敬佩好心眼巨人和小女孩索菲。好心眼巨人生活在这样恶劣的环境中，却能出淤泥而不染，不受其他巨人的影响，做一个好巨人。这个巨人的容貌不仅不和蔼，甚至有些可怕。接触得时间久了，却发现他真的是一个心地善良、助人为乐的人。索菲虽然只是一个小女孩，但面对9个这样可怕的巨人时，害怕之余她仍然能冷静下来用自己的智慧想出办法，并且协助英国女王打败其他坏巨人，她是多么了不起啊！

所有看过这本书的人，一定都会被好心眼巨人善良、朴实、富有爱心的品质感动，也会十分佩服索菲的机智、勇敢和善良。《好心眼巨人》告诉我们，无论在什么时候、什么地方，都要做一个善良的人，无论遇到什么事情都要保持冷静，要动脑筋、想办法。我们对别人都应该多一些理解与宽容，这样人与人之间才会相处得更加融洽。要记住，不要被外表迷惑，心灵美永远高于外表美。

——萤火中队　刘家祺

苏霍姆林斯基在《给教师的一百条建议》中写道："阅读不是为了明天上课，而是出自本性的需要，出自对知识的渴求。如果你想有更多的空闲时间，要使备课不成为单调乏味地坐着看教科书，那就请读科学作品，要使你所教的那门科学原理课的教科书成为你看来是最浅显的课本。愈是困难的学生，他在学习中遇到似乎不可克服的困难愈大，他就愈需要阅读。学生的学习越困难，在脑力劳动中遇到的困难就越多，他越需要多阅读。就像感光力弱的胶卷需要更长的感光时间一样，成绩差的学生的智力也需要更明亮和更长时间的科学知识之光来照耀。不是补习，不是没完没了的'督促'，而是阅读、阅读、再阅读，能在学习困难学生的脑力劳动中起决定作用。"

看到孩子们的读书收获，看到越来越多的孩子爱上读书，王老师很欣慰。相信他们会以"书香班级"的建设为契机，督促自己更有目的、有计划地阅读名著，用笔记录自己的思考与收获。阅读是吸收，而写作是呼出、是表达，希望孩子们的读写就像呼吸一样自由顺畅！

建设"书香四溢"的班级是一项细致而漫长的工作，应该在学生的终身发展中起作用。王老师期望：书香，能在潜移默化的班级活动中，犹如春雨点点入土，洒落在孩子们的心田。

读书，使人睿智明理，豁达晓畅
——爱如丝雨，无声润心

世界上没有一朵鲜花不美丽，没有一个孩子不可爱。因为每一个孩子都有一个丰富美好的内心世界。

——冰心

班主任老师正是这些鲜花的"守护者"，他们时常期盼花儿灿烂绽放。但是，如果花儿每天接受的风雨多于阳光和雨露，花期就会遥遥无期，甚至在含苞待放之时夭折。而在我们的日常生活中，点点滴滴的关爱正是孩子们的阳光和雨露。

作为班主任老师，他们想和一年级的学生"交心"实在有些困难。首先，

"老师"的角色使得一部分学生敬而远之；再次，"班主任"的称谓饱含严厉，家长一句"我告诉你班主任"就会让孩子们刚刚对班主任建立的一丝信任土崩瓦解。但是，经过将近一年时间的接触，王媛也渐渐了解到一些孩子的心理，有了自己的一些小感悟。

1. 他们都是小大人儿（班级民主，尊重每一个）

你可别小瞧这些六七岁的孩子，在他们稚嫩的外表下，都拥有一颗有想法的心，关键是这些想法在某些场合下还很正确。每逢"特殊"周一班队会，王媛老师的班级可谓最热闹的。说"热闹"是因为这是孩子们最盼望、最兴奋的一节课，因为在这节课上他们都是小公民，都要写下自己心中的小偶像，并为小偶像投上神圣的一票，评出本月的"××之星"。这还不止呢，他们还会挑选最认真的孩子进行唱票、统计。记得上学期第一次试行这一决定时，王老师刚讲完要求，班里的"小机灵鬼"刘峻丞就举手说："我觉得这样很公平！"想不到六七岁的孩子，第一次接触投票会说出"公平"这样的词语来！以后可不能小瞧这些"小大人儿"。

2. 给孩子说的机会（耐心倾听也是一种爱）

王媛时常会提起这样一件事，不过每次她都庆幸自己给了孩子说话的机会。

一下课，三个孩子拥入办公室告状，王老师就大致知道又发生了什么事儿。而后看到英语老师带着两个孩子来到办公室，俊淇梨花带雨，峻丞满脸木讷，再联想到孩子们说的上英语课峻丞拿着彩笔画后位俊淇的桌子，王媛真想先批评峻丞。但是，王媛先让俊淇安静一会儿，让峻丞自己回想错误，其实也是给她自己一点儿时间缓冲情绪。随后的问话让她庆幸自己的这一举动是多么明智，否则，她可能会失去一个孩子，甚至是两个孩子的信任。事情的经过是这样的：峻丞上课之初表现不错，老师奖励小组1分，但是俊淇的表现又让这1分扣除了。对于集体荣誉感强烈的峻丞来说，所有怨念都变成了行动，所以就出现了孩子们所说的一幕。调节过后，接下来的事情更像是顺理成章，两个孩子协力清理课桌。等她到教室时，两个孩子竟然在主动帮同学们摆放桌椅、捡拾垃圾！看到老师后，两个孩子也没有了刚才的畏惧，取而代之的是两个人齐心协力做事情。或许这就是最好的结果！所有的批评、教育最终都是为了一个目的——让孩子们向着更好的方向发展。其实，有时候静下来耐心倾听，会更容易取得这一成效！

这样的事情不止一件。又是临近假期，孩子们欢呼雀跃，老师们焦头烂额，正常的课不能落下，还要写材料、整理文件，经常是从早上就带够一上午要用的材料，课间也不离教室。为了走动方便，王老师都是半趴在讲桌上填写资料。突然，小轩离开了自己的位置，搬起小凳子就往老师身边走。埋头于材料中的王媛刚想训斥他几句，就听到稚嫩的声音传来："老师，您坐我的凳子吧！趴着写很累的，字还写得不好看。"几句训斥藏于咽喉却化作感动，王老师低头闭了闭眼睛又抬头："谢谢你。老师不累，小轩回去看书吧！"这是当时最调皮的孩子啊！记得刚入学时，他拿同学们的铅笔和漂亮的本子，课间往女厕所跑，一度成为办公室的"小红人"。王老师也曾多次找他的家长谈话，得知孩子父母离异，他现在跟着爸爸，爸爸工作又忙，每天都是小轩还没起床爸爸就走了，回来的时候孩子已经睡着了。爷爷奶奶还要去地里劳作，孩子放学后交给托管，托管关门后，孩子自己回家找点儿吃的，骑着自行车出去玩够了再回家睡觉。看着孩子每天脏兮兮的小手、小脸，王老师总是领他到办公室洗洗、擦擦。可能这次对老师的关心，也是孩子感受到了老师身上像母亲一样的爱吧！

3. 人人都是小榜样（用欣赏的眼光看待每一个孩子）

每一个孩子都是一只萤火虫，虽然小，但都有自身的光芒。表现突出、成绩优秀的孩子可能光芒较亮些，而安静沉默的孩子光芒就要相对内敛些。

煜城是"萤火中队"一个极为安静的孩子，老师如果不提问他，可能一周都没有机会和他说上一句话。但在一次班队会上，王老师发现了这个孩子身上的闪光点。

阳春三月，北校区的"阳光体育节暨春季运动会"如期而至。当所有孩子都在竖着小耳朵听老师讲运动会事宜时，张煜城拿着小纸条在匆忙地写着。可能因为从没有得到过老师的表扬，当王媛看向他时，他竟然以为自己做错了什么，立刻将纸条收了起来，也像其他同学一样将两手端放到桌面上。当时，王老师的确是可以批评他的，因为老师没有要求上课的时候做笔记。可是，她不想过早地给孩子下定论，她决定看看这个安静的孩子在写些什么。当煜城颤抖着小手拿出纸条时，他还不忘为自己辩解两句："妈妈说我总是忘事儿，所以我要记下来。"说完他便低下了头，像是在等待老师的批评。细长的纸条上静静地躺着这样几个字："周五7：40校服。"这孩子真的在记录他听到的认为重要的信息啊！王老师当时想，自己是多么明智啊，没有把这种好习惯扼杀。她以前没有讲是因为觉得孩子还太小，培养这样的学习习惯对他们来说太难。但是，既然有孩子这样做了，并且做得很不错，她就有理由相信他们都能做好。所以，临近下课时，王老师向孩子们推荐了读书、做笔记、摘抄的好习惯。

其实，很多时候不是特别需要近期必须掌握的技能，她都会给孩子们适应期，不会强行要求他们哪一天必须学会。但是，接下来几天，小组长靖涵的一点儿小举动让王老师觉得这些孩子身上的闪光点越来越多。她拿出田字格本，没有过多的装饰，只是简简单单的田字格本，里面却记了满满几页的字。或许我们不觉得怎么样，一晚上写上万字也能完成，但是对于一年级的孩子来说，能自觉地读书、摘抄，真是一件很了不起的事情。王媛惊讶于靖涵的学习态度也为自己有这样的学生而欣慰。

4. 多给孩子讲点儿"小道理"（生活小细节总比书里的大道理更实用）

听着英语老师、数学老师对峻丞近期上课表现的评价，王媛不禁笑了。峻丞近期的表现可能与一次跑步有关，他听明白了跑步的小道理，并尝试着用到学习上。

事情是这样的：跑步时，后面的孩子总是掉队。那次跑操峻丞落在最后，当他赶上来时说自己跑得太快想吐，就到旁边休息，接下来又拼尽全力追赶上来。如此循环往复。王媛突然发觉自己应该把这件事与学习联系起来跟孩子们说说，所以临时召开了一小段班队会。内容大致是这样：当你因为一点儿小举动，或系鞋带，或稍作休息，而被班级大队伍甩在后面时，你拼尽全力终于追赶上来，这时的你满头大汗，渴望休息；而一直随着大队伍奔跑的同学已经适应了这个节奏，并不会感觉特别累。如果你真的随心所愿，那你就落后了，又得重新上演追赶的一幕。想要改变追赶的格局，就必须咬紧牙关坚持下去，坚持到自己能够适应大队伍的节奏，然后在适应的基础上适当调整放松。这不正像我们的学习吗？一次落后，就需要付出比别人多十倍甚至百倍的努力才能勉强追上，追上以后还要付出更多的努力坚持。

在学生的成长过程中，适当的批评很重要，与批评同样重要的是老师对每一个孩子的关爱。教师的关爱如同阳光雨露，时刻温暖、滋润着学生的心田。关爱是两颗心之间架起的桥梁，能尽快拉近老师与学生的心灵距离；关爱是看不见、摸不着的灵丹妙药，能及时消除师生之间的情感障碍，促进学生的健康成长。班主任要善于用关爱去浇灌学生的心灵之花，用关爱去打开学生的心灵之窗。

读书，使人思想插上翅膀，感情绽开花蕾
——于生亦师，与生为友

参加工作第一年刚接手班级时，王媛真的是千头万绪，不知该从何处着手。面对课堂上黑压压的一片，稍有松弛，教室里就会出现一片唏嘘声，她意识到自己遇到了工作以来的第一个大问题——如何管控好课堂纪律。好在班主任黄老师耐心细致地告诉她要先给学生树立规矩，并多次在课堂上帮她管理班级纪律。有了约定俗成的规则，课堂才能有序、高效地进行。将近两个学期的磨合，王老师与孩子们基本达成了共识，相互之间有了一定的默契。在教学的过程中，她也曾遇到过这样的问题：面对一双双求知的大眼睛，本已充分备课的她却不知道该如何将所备的内容教给孩子们，让孩子们尽快、扎实地消化、吸收掉。正在这时，学校开展了"青蓝工程"，为每一位新入职的教师选择一位师父。自此，王媛听师父的课，与师父讨论课堂教学，在青年教师汇报课时更是与师父同备一节课。经过多次磨课，她在课堂教学上逐渐看到了丝丝亮光。

每每谈及近一年的教学经历，让她印象最深、感受最多的还是这些孩子们。虽然他们有时也会不遵守课堂纪律，作业完成质量也会达不到老师的要求，但是跟孩子们在一起相处时，他们所表现出来的真诚和天真无邪却深深地打动了这个小老师。每当记忆的闸门打开，感动总会汹涌而来。

1. 我们说好不分离，要一直一直在一起

记得元旦演出时，因为年轻老师还有包饺子的任务在身，所以王媛提前跟学生打好招呼要先离开教室。班里的女孩子们却抱着王媛的胳膊让她再等一会儿，说还有一个专门为她和黄老师准备的节目。当王媛点击鼠标、音乐响起时，一首《时间煮雨》弥漫在教室中，听着孩子们真诚的演唱，想想时间的流逝，相聚只有一年半的时间就要分离，那种酸楚慢慢弥漫在心底。演唱结束后，几个女孩子分别将早已准备好的毛巾递给她和黄老师，并拥抱她们。感动在心中流淌，她不知道自己在短短的几个月时间内已经走入了这群孩子们的内

心，他们已经欣然接纳了这个像邻家大姐姐一样的老师。

孩子是成人的一面镜子，他们心地纯洁，你对他笑，他会回报你微笑，甚至是一个大大的拥抱；你对他发怒，他还你桀骜不驯。

2. 心虽小，爱无限

"亦师亦友"的状态或许很难在小学一二年级的学生中体现，但五年级的孩子开始有了一点儿成熟的思想，他们渴望与老师建立起除了课堂上的师生情谊之外的朋友情。马瑞卿是王老师班的一个寄宿女生，可能王媛与孩子们的年龄差距不是特别大，刚接手班级不久，她就收到了马瑞卿送来的礼物——太空泥捏的爱心。正像瑞卿的礼物一样，她能感受到孩子已经从心底接受了这个"小老师"。记得这学期大型团体操排练时，每到休息时间，王媛的肩上总会出现一双双小手捏来捏去，孩子们环绕着她，他们席地而坐，或为刚才排练时的一个动作不断演示，或为上节语文课试卷中遗留的一个问题激烈讨论，或专心研究一道数学迷宫题。大家在一起叽叽喳喳，自由发散思维。

看到孩子们在蓝天白云下自由成长，听到教室中的琅琅读书声，王媛总觉得自己也充满了生机。每次词语默写，看到孩子们的点滴进步她都甚感欣慰，想想自己曾经每晚加班到10点看作业、备课，那些疲惫也被一扫而去。看到他们作文本上越来越多的A，甚至A+，想想自己周末带回家看的一摞摞作文本也没那么沉重了。阅读时，慢慢学会从文中寻找答案，联系上下文解释词语时学会了"在文中指"，概括文章主要内容时学会了挖掘文章的中心思想等等，无一不浸透着老师反复强调和孩子们练习的辛劳。

3. 心的交流

在短短两年的教学生涯中，王媛不仅要与学生打交道，也尝试着与家长交流沟通。第一次敞开心扉是任教第一学期的家长会上，她以自己稚嫩的想法与家长们交流。因为家族中几个姐姐的孩子也差不多四五年级，整天带他们也多少有点儿小感悟。这个年龄段的学生心理上开始有一点儿小成熟，但是他们的想法千奇百怪，有时任你想破脑袋也猜不出他们在想什么。唯有与他们"做朋友"，才能多少掌握一些他们的成长动态。也因为自己很多时候喜欢将不想用语言来表达的感情付诸文字，王媛建议家长们也与孩子们建立一个小小"信箱"，锁住只属于两个人的秘密。这一行动在班级中只有很少同学在坚持，而宫俨轩就是其中一个。

记得一次单元检测他的成绩不是很理想，下午放学后，王媛的办公桌上就出现了他偷偷写的"反思"。虽然文字很简短，但她感受到了这个小男孩心中的惭愧与自责。直到小宫毕业，他与老师的微信聊天记录也是满满的问候与报喜。

"老师，你们班同学学习好吗？"

"老师，自从你走了，我语文不好了（沮丧的表情）。"

"老师，我这次语文考试考了全班第三！"

"老师，告诉您一个好消息，我语文考了94.5分，全班第四，第一徐悦源、薛羽轩97分，第三宋若豪95.5分，第四是我（手舞足蹈的表情）。"

"老师，告诉你两个好消息，我语文考了第一（93分），徐悦源也93分；另一个就是我数学考了满分。老师，谢谢您对我的鼓励，我会继续努力加油的（微笑的表情）。"

······

馨茹妈妈向王老师反映孩子上四五年级后脱离了自己的"掌控"，通过这个小小"信箱"，自己尝试着与女儿进行交流，女儿开始慢慢敞开心扉，将学校中发生的事情写给妈妈看。看到、听到这些，王媛很欣慰。不仅老师可以与孩子交朋友，家长在某种意义上也可以是孩子的好朋友。

一份春华，一份秋实。在教书育人的道路上，王老师付出的是汗水和泪水，然而她收获的是那一份份充实而又沉甸甸的情感。孩子们看到她给单亲家庭的孩子剪指甲，给头发蓬蓬的小姑娘梳头发，他们也逐渐学会了帮同学系纽扣，帮身体不舒服、书写较慢的同学记作业，早到教室几分钟的同学用自己小小的双手摆放好40把凳子……

干教育不像花开四季，到了特定的季节就会如期看到花开。教育是一份良心事业，无愧于心，静待花开，即使等待的时间很久很久。"捧着一颗心来，不带半根草去。"她深感作为教师的责任与光荣，成绩属于过去，未来才属于自己。作为青年教师，王媛的教育之路才刚刚开始，唯有勇于进取、不断创新，才能取得更大的成绩，相信这条路她会走得很远很远。

刘东美
让生命之色更亮丽

刘东美，潍坊市教学能手、潍坊市师德标兵、全国语文主题学习优秀教师、全国优秀实验教师。倡导快乐教学法，其整合阅读教学法获青州市首届教学法一等奖，"三说N主题"教学特色课、单元主题学习"五课型五步骤"特色教学公开课多次在潍坊市现场会上展示，获得全国目标教学课堂大赛优质课奖。曾应邀到北京、福建、重庆、青岛、淄博等地讲课、做报告。

没有蓝天的深邃，可以有白云的飘逸；没有大海的壮阔，可以有小溪的优雅；没有原野的芬芳，可以有小草的翠绿。平凡的教育中也往往孕育着不平凡。和孩子们一起脚踏实地、仰望星空，齐心协力一路前行。

刘东美心语

一个人最好的修养就是读书。钱穆说："读书可以培养情趣，可以提高境界，读书能从有情趣，有见识的人，得知如何过得有趣。"这些有趣的人生境界高、情味深，从他们的文字里，又能得到许多人生借鉴，从而潜移默化地转化为自己的内在修养。所以，梁实秋说，最简单的修养方法就是读书。

于永正老师用他朴实的话语、用他的大气锤击着我们的头脑和灵魂：语文老师，该用行动告诉学生书写大写的"人"字。

理想语文课堂是这样的。

她是多样的。语文课堂是学生的舞台，学生们可以根据自己的爱好读书、唱歌、演讲、打快板、说相声、赛对子；抑或走出课堂，来到校园法国梧桐树下，每人一句古诗词，每人对着树下的鹅卵石许个愿；抑或指着文化栏中的内容讲说一段，给大家做引导；抑或在墙上的小黑板上书写下自己最漂亮的书法……

她是多内容的。刘东美语文课堂上的内容是"质朴天然，真水无香"的，是大简的，朴实的，有"浅草才能没马蹄"的意境。班里四十几个学生，加上老师凑在一起，你一言，我一语，交流谈心、相互学习，谈国家大事，论书法名家，说校园趣闻，聊聊自己的小秘密。在这里，充满了激烈的讨论，能够各抒己见，却又能仔细聆听他人的见解，博采众长；在这里，有着温馨的学习氛围；在这里，刘东美忘却了工作的辛苦，学生体会到了学习的快乐……

她是多元的。学生是多样的，评价亦是多元的。刘东美用自己的亲身经历和多年积累的教育教学经验，指导他们、启发他们、引领他们。一句句"你行的""你是优秀的代表"，一个赞赏的眼神，一个竖起的大拇指，给予他们信心，给予他们动力。学生也在评价刘东美。老师，您说得真好；老师您这里错了；老师您辛苦了。还有小组之间评价，家长参与评价。多元的评价机制使语文课堂更加精彩纷呈、绚烂多彩……

学生在这里放歌，刘东美在这里静静地欣赏。

家长感言

不信东风唤不回

每次提笔书写，总有千言万语，却不知道从何说起。孩子在成长，我也跟着成长起来了。

每当看到别人家的孩子拿着一本书津津有味地读着，别提多羡慕了。因为自己的孩子不爱读书。不仅不爱，还有些反感，整天调皮捣蛋，没有良好的学习习惯。作为家长，我愁啊。我听了很多专家的讲座，试着用他们教的方法去做，可孩子就是没有读书的兴趣。有时觉得，可能自己的孩子不是读书的料，我常这样安慰自己。后来因为工作忙，我也就没有心思管这件事了。

自从孩子上了三年级，跟着刘老师，不知道从什么时候开始他竟然读书了。一开始我觉得奇怪，猜测他可能是一时心血来潮。还别说，又有一次，他竟然说要买书看，我相信，他变了，他要读书了。他回来常常和我拉家常，说的都是书中的一些趣事。我觉得很奇怪，就问孩子："你从哪里知道这些知识的呀？"他很开心地说："刘老师在课堂上给我们讲的呀！她有时候给我们讲故事，有时候还让我们读完书后，让同学讲故事。大家每人一个故事，不就知道的多了吗？"看到孩子很开心，我也很欣慰。

后来，我与孩子一起读书。我们娘俩还在班级亲子阅读活动中进行了展示哪！我们共同经历着书籍带来的喜怒哀乐，同样的心情让我和孩子贴得更近，我可以感受到孩子心理和思想的变化，从而可以及时调整和孩子沟通的方式方法，更好地为孩子创造学习环境、家庭环境，这可是刘老师教给我的。在和孩子一起读书的过程中，我也感受到了快乐。对于父母来说，我们千万不要奢望可以教给孩子什么，我们唯一能做的是给孩子一个"爱和舒适，规则与平等"的环境，让孩子完整地成长，包括身体的、感觉的、情绪的、认知的、心理的、精神的完整成长，而不只是被灌输属于父母的认知和技能，那样的人生无味而无趣。这也是我从刘老师那里学来的。

读书仅仅是家长和孩子沟通的一个形式。刘老师还组织孩子们外出研学，家长也一起参加。在活动中，我们一起赛跑、跳绳、拔河，特别是班级进行快板教学后，孩子的兴致更高了，每天放学回家总是先打打快板，并把背诵的古诗用快板打出来，效果很好，孩子很喜欢，用这种方式背诵得也快。原先，我的孩子最怵背诵了，现在他打着快板，背着书，顺手顺嘴就把一篇长长的课文背会了。最主要的是老师说孩子的学习成绩提高了，这是我最开心的。

孩子回来还说班级里在进行对对联、说新闻、赛古诗的竞赛。他每天晚上积极地看新闻，原来是他们小组的同学为了赚得更多的分值，在积极准备"话说新闻"的内容。

想想当初孩子刚上学时的痛苦劲儿，调皮时让人心烦的劲儿。作为家长的我，并没有对孩子过高的要求，只求孩子能够平平安安。现在，看到他改变了，变得能够学得快乐、学得开心，我发自内心地感动。

孩子每次回来说喜欢刘老师时，我发自内心地感到满足，因为孩子找到了自己喜欢的老师。人一生中能遇到喜欢的老师，就是最大的快乐和幸福！

作为家长的我，能有这些收获，还要衷心感谢学校，感谢老师用心良苦地开展这样的活动。他们不止给予孩子关爱，还为我们家长增长教育孩子的知识搭建了平台。

让我们带领、陪伴孩子们共同攀登成长的阶梯，和孩子们一起享受成长的快乐！

——于洋妈妈　刘杰

让生命之色更亮丽

——"星辉"快乐班级行程记

适合的教学才是最好的教育。罗曼·罗兰说过："要撒播阳光到别人心中，总得自己心中有阳光。"是的，要使学生快乐，教师首先要快乐。唯有快乐的教师能创造快乐的教育，唯有快乐的教育能创造出"面朝大海，春暖花开"的陶情境界。有位教育家说得好："微笑是一种力量，快乐是一种美德。"我们要和孩子们一起拥抱生活，体验生命，享受快乐！

——题记

第一乐章　寻梦——寻花问路至白云深处

1. 探寻梦的源头

"曾经年少爱追梦，一心只想往前飞……"刘东美带着孩子们从一年级开始快乐起航。刘老师一直在语文课堂上给学生们制造惊喜：低年级时，她会带着玩具进课堂，让表现好的学生亲亲玩具的脑袋，摸摸玩具的屁股，和玩具握握手，努力创设"在玩中学语文"的理念；到了中高年级，创设诗意化的课堂，有时她会给学生变个魔术，有时她会和学生朗读"徐志摩的诗句"，朗读魏巍的《我的老师》，感受《再见了亲人》的离别之不舍，体验老舍笔下《草原》"一碧千里，而并不茫茫"的壮美，与学生共诉"天涯碧草话斜阳"的民族之情。

她也经常让学生走出课堂，走进大自然，与大自然亲密接触。在一个春天的星期六，她带领学生到王府游乐园游玩，那时王府游乐园刚刚建成，有些设施还不是很完善。虽然安排和要求得很到位，但是学生一旦玩起来，就什么都忘了，有的玩滑梯，有的荡秋千，有的坐转盘，有的过吊桥。记得当时还有一个学生从滑梯上跌下来，好在有惊无险。过后想想，她也有些后怕，可是那时冲劲来了，真有些"初生牛犊不怕虎"的劲头。王府游乐园的那次小小旅行给学生们留下了深刻的印象，那一级的学生一直会提起"那次难忘的旅行"。刘东美也明白只有与生活联系紧密的语文课堂才会更有新意，才会更让学生喜欢，学生也会收获更多。

2. 儿歌让梦想起飞

低年级时，刘东美和孩子们畅游儿歌世界，让阅读插上腾飞的翅膀。因为低年级的孩子识字少，没有阅读基础，有的连课文都读不流畅，但她一直有个愿望，就是让孩子们从一年级开始感受阅读的乐趣，学会阅读，进而爱上阅读。

一位儿童文学作家曾经说过："儿歌是知识的百宝袋，蕴藏着人类语言的珍珠……"儿歌，是儿童诗歌的一种。它语句精练，结构简单，韵律优美，节奏分明，读起来朗朗上口，适合低年级的学生阅读。

低年级时，刘东美借助儿歌激发学生的阅读兴趣，让学生感受到阅读的快乐。通过听儿歌—读儿歌—说儿歌—表演儿歌—创编儿歌等环节，激发一年级学生对儿歌的兴趣，从而激发学生的阅读兴趣，提高学生的语文素养。

（1）建"故事吧"，听儿歌。聪慧的孩子耳朵最灵，"听"是小孩子最灵活，也最有成效的阅读方式。在孩子们识字还少的情况下，培养他们听的能力显得尤为重要。她结合学生的年龄特点，在符合学生认知规律的前提下进行教学。课堂上，她建立了"东美老师故事吧"，每天下午写字课结束后，她会奉送给孩子们一首儿歌或一个故事，孩子们字写得更认真了，因为听儿歌、听故事成了他们最愿意做的事情。当然，听故事还发生在家里，由家长给孩子讲，让孩子听。她还在"喜马拉雅"系统建立了"东美故事吧"有声书，每天发送经典"有声"文段，还带领语文老师建立了"悦读乐享阅读吧"微信公众号，定时发送原汁原味的材料，给学生带来不同的听觉感受。

（2）固定阅读时间读儿歌。每天早上双语演讲时间，以及每周一和周三下午第三节阅读课时间，是孩子们大阅读的时间。刘东美和孩子们一起阅读，一起畅谈书中趣事，一起交流读书体验。每晚有二三十分钟，是孩子们和家长一起进行的亲子阅读时间，并且他们要将阅读的内容记录在"阅读存折"上。阅读既促进了亲子关系的融洽，也拉近了家长与书本的距离，孩子在家长的带领下阅读得更起劲了，表现得更突出了。

（3）两周一次表演儿歌。表演大约每两周进行一次，即根据所读的儿歌或童谣，让学生说一说知道了什么事，背过了什么儿歌，会讲什么故事，在读儿歌或故事中自己和小组成员创编了什么故事等。展演的形式为演唱儿歌、展示故事、讲故事比赛、讲绘本故事等。学生们准备得很充分。

这些活动发散了学生的思维，培养了他们的能力，使他们的语言生动简洁、富有节奏感，提高了他们的朗读兴趣。

（4）每月一次评价展示。评价时采用多种手段，对学生的综合能力做到全面分析。在评价主体、评价方式、评价结果的处理上都是灵活多样的。

如听儿歌，评选最佳注意力小能手；讲故事，评选最佳数量奖、最佳讲故事能手；展示表演，评选最佳搭档、最佳口才奖；还会评选最佳亲子阅读奖、小组团队奖等。通过不同的奖励激发学生对儿歌的兴趣，以及对阅读的热爱。奖励也是有层次的，利用红笑脸、黄笑脸、小奖状、抽奖等形式，一级级地提升，既有精神的鼓励，又有物质的奖励，这样，小孩子的学习兴趣就被激发起来了。

在评奖方式上，多采用家长推荐、同桌互评、小组评议、教师评价等，发挥了学生的主体作用，调动了家长参与的积极性。这样的评价不是搞满堂彩，而是既肯定了优秀同学的表现，又让差一些的学生明白了自己今后努力的方向。

语文很美，也需要美，于是刘老师和学生在语文课堂中不断地寻梦。

第二乐章　求索——向青草更青处漫溯

当今社会的小学语文是个"百花齐放的大舞台"，精彩纷呈过后，却是"乱花渐欲迷人眼"。一度追求语文的精彩，追求语文的特色，却迷失了自己的教学，刘东美一时感觉自己不会教语文了。自从加入由山东省特级教师纪凤翔和张云杰率领的"常青藤名师工作室"后，她感受到这个团队带给自己的激励与收获。工作室里的每个老师都是青州市小学语文界的精英，每个人都有自己的一套教学方法。刘东美时刻在想：自己的教学有什么特点呢？班级特色又凸显在哪里呢？她并没有停下探索的脚步，而是一直在思考着、行进着。

1. 千磨万击还坚劲，任尔东西南北风

教师的职业特性是比较有规律的，而有规律的工作、按部就班的生活，却也容易熄灭一个人的热情。对于一个工作了二十几年的教师来说，同一篇文章讲了无数遍，真的会感觉很乏味，实在无奈得很。渐渐地，把语文课教得熟了，自认为有了一套属于自己的教学法，反而教学不在状态了，不出彩了，没有自己的特色了。

此外，随着家庭琐事的增多，压力大了，刘东美进入了所谓的教师职业"平淡期和倦怠期"。她甚至一度忘记了青春年少时的豪言，那掷地有声的壮语似乎已渐行渐远；她甚至一度停住了活力四射的脚步，在原地麻木地画着圆圈……

但她心中一直有个声音在回荡：怎能放弃对语文的追求？

于是，刘东美开始着手创建她的"快乐语文"教学法和"玩中学语文"教学法，经过调查和访谈，她把这些都归到了"说"的能力的培养上来。在学习、研究了学校一些好做法的基础上，刘东美进行了口语交际"多说N主题"教学，分年级、分主题地形成了一套"多说N主题"的序列。

（1）说对子

赏对子：三年级时，结合学生背诵的《笠翁对韵》，刘东美将"对对子"教学引入语文课堂中来。她先借来了《笠翁对韵》一书，书中有"原文、精彩解说、故事与经典、名家讲堂"几个板块，还有一些对联故事和"对对子"的知识，非常适合学生自学。于是刘东美利用语文课，和学生一起阅读。她给学生讲对子的故事，然后再让学生背，并利用双语演讲时间让学生上台展示，有的小组还开展了对对子比赛。

说对子："对对子"最初的形式是由刘东美出上联，学生对下联。如刘东美出"天"，学生对"地"；刘东美说"冬去"，学生对"春来"；刘东美出"冬去雪化"，学生对"春来花开"。在兴趣盎然的氛围之中，学生的才思悟性得到了训练。有时，刘东美也会给学生提供古代的妙联佳对让他们欣赏，或者尝试着让他们补填个别词语，如她说上联"花甲重逢增加三七岁月"，学生对下联"古稀双庆更多一度春秋"。她给学生讲苏东坡和苏小妹的妙对"无山得似巫山好——何叶能如荷叶圆——何水能如河水清"。出上联"坐，请坐，请上坐"，让学生填"茶，敬茶，_____"等。这样，学生可以很好地品

味汉语的声韵之美、凝练之美和典雅之美。

作对子：季节是最好的语文资源。学校就是一个四季园，春有花香鸟语，夏有绿树荫荫，秋有果香飘远，冬有落叶飘飞。刘东美没有让学生辜负这些资源，而是及时运用大好季节。春光里，她带领孩子们一起到校园中观察爬山虎，在小花园玩耍；夏天，他们一起欣赏长势良好的木兰花、绿萝；秋天，他们一起捧起露出颗颗珍珠的石榴，捡拾地上的柿子，嗅闻秋天的硕果累累；冬天，她和学生们一起在雪地上进行堆雪人比赛。学生像出笼的小鸟飞出教室，校园里多了许多欢声笑语。给学生一双"语文眼"，他们会发现很多的"语文"散落在校园的角角落落。

下面是摘选的学生自己创作的几副对子：

雏鹰组：春光烂漫桃花开　　　　随风起舞柳絮飞

智慧组：花间蜜蜂嗡嗡闹　　　　枝上黄鹂恰恰啼

飞翔组：花瓣遍地落　　　　　　柳絮漫天飘

和谐组：嫩芽遥望一片片　　　　鲜花近观一朵朵

团结组：浅草棵棵遍地　　　　　鲜花朵朵满枝

……

这些对子虽略显稚嫩，但无论是对词性、平仄、押韵的考虑，还是对意境的表现，学生也都是动了一番脑筋的。刘东美欣喜地看到，她的学生在语文课堂里的进步。这更坚定了刘东美让学生"说"下去的信心！

（2）说成语

选成语：刚开始时，刘东美选适合学生背诵的成语，有意义、有趣味的，统统选来让学生背诵，并印制了材料让学生背诵。

搜成语：随着学生年级的升高，就让他们自己来搜集成语，看谁搜集的成语多，再在课堂上看谁背诵得多，主要看数量。

分成语：由于学生搜集的成语五花八门，也比较杂乱，于是刘东美给学生提了一些建议，让学生给这些成语归归类。于是就有了"带数字"的成语，即从一到万的成语被一一列了出来。另外，还有带颜色的成语，有带植物的成语，有带人体器官、带方位、带兵器的成语，有含反义词、近义词的成语，有带叠字的成语，有描写花草、天气、时辰的成语，还有源于历史故事、寓言的成语等等。

多样活动：成语分类了，识记就快了，在学生有了一定的积累后，便组织活动进行展示。评价、展评是学生获得认可的最好形式。于是，补充成语、填成语、猜成语、成语接龙、演绎成语故事等，都在刘东美的语文课堂里被呈现出来了。

（3）说古诗

赛诗会也是刘东美语文课上的一大亮点。利用寒暑假实践，学生自主背诵古诗，开学后，组长检查，看谁背诵得多。她一定会举行赛诗会，并会提前提醒学生时间和要求。那时刘东美会将实践性活动一律改为背诗，而且连续几天的语文课上也会拿出时间让学生做准备。

每个学生的手中都有几张带有古诗题目的纸，上面全是学生已经背过的古诗词。课间，你会发现一向最热衷于玩卡的浩文竟然趴在座位上"苦背"，任凭其他同学玩得热火朝天；王雅琪已经在纸上写得密密麻麻，还在到处打听谁那里还有自己没有背过的诗；张文琪和同桌孙景博"秘密"加油，力争杀入决赛……

按照刘东美和学生的约定，刘老师准备好了奖品——罗尔德·达尔的成套书《查理和大玻璃直升降机》《了不起的狐狸爸爸》《查理和巧克力工厂》。全班商定：个人冠军获得3本，亚军获得2本，季军获得1本。小组冠军每人获得2本硬皮本，第二名每人获得1本软皮本，第三名每人获得大笑脸1颗。没有进入前三名的小组，只要每个组员背诗的数量都达到10首以上，小组成员亦可获得1张小笑脸作为鼓励。刘东美还在书和本子的扉页上印上了"奖"的字样。看到获奖同学脸上的笑容，刘东美也很兴奋，竟忘了也要给女儿买这套书，为此，女儿一直说她偏心。

（4）说新闻

新闻无处不在，现在的学生有各种接触社会的机会，让每个学生把自己知道的新闻与大家分享就是很好的言语实践机会。

看新闻：让学生认真看，仔细揣摩，哪些是自己感兴趣的，哪些是需要大家共同研讨的，第二天再在课堂上与大家交流。

说新闻：这是让学生结合自己的生活经验，把视觉的东西变成自己的话说给大家听，当然，这也需要学生具有小主持人的风范，要把事情说清楚、说明白，并能谈出自己的看法，每节课前由两三个同学展示"新闻热播"已成为惯例。这样的惯例不仅培养了学生对社会新闻的敏感与关注，而且在实践过程中，激发了兴趣，交流了信息，培养了表达与倾听的习惯。将语文和时代紧密结合，让学生用自己的眼睛去观察社会的变化，让学生用自己语言去诠释社会的发展。

捕捉生活小事：多彩生活会不断产生许多"浪花"，如校园趣闻、家庭琐事、邻里关系、社会舆论等，这些都是可以运用语言的实践机会，但这也需要教师独具慧眼，善于捕捉这些生成性资源，并且加以有效利用，以此培养学生的语文素养。于是，在原先"新闻热播"的基础上，"我的生活我做主""生活之旅""家常菜秘诀""家乡趣闻"等栏目也纷纷登场。当然，这些可以提早录制好，刻成MP3或录成光盘播放，也可以制成PPT格式进行展播。对生活小事的捕捉，开启了学生独创实践的大门。同伴的游戏、窗外的风景、树下的小昆虫都成为孩子们关注的焦点。为了激发学生们的竞争意识，刘东美经常组织比赛，变换评价的内容和形式，如评选"最佳录制奖""最佳小主播""最佳视角奖"等，从而让学生们时时观察、捕捉、记录，这样的经历成了孩子们一生的财富。

其实，不管是说对子、说成语、说古诗，还是说新闻，这些都不只是单纯的"活动"，而是使学生学会奋斗、学会合作、学会学习、学会竞争的综合性活动。这不正是我们要培养的学生核心素养的内容吗？

每个年级有不同的说话项目，有的是结合习作开展的活动，有的是创设情景的活动，有的是辩论式的活动，有的是结合学校开展的活动……经过一两年的学习，刘东美的学生有的当上了学校活动的主持人，有的成了双语电视台的节目主持人，有的获得了潍坊市诵读比赛大奖。在很多场合他们都落落大方，言谈举止文雅而不失风趣，风趣而不失文明，文明而不失水准。

小学语文课堂就应当这样放歌。

2. 莫听穿林打叶声，何妨吟啸且徐行

语文新课标指出：口语交际是一种必备的能力，应培养学生倾听、表达和应对的能力，使学生具有进行文明和谐交流的素养。

刘东美想让她的学生在经过六年的小学生涯磨砺后，说话能围绕中心说，而不是乱说；能言善辩，敢于辩论，会辩论；有自己的语言特点，有自己的思想。后来经过调查和访谈发现，培养学生的口语交际能力存在着诸多不利因素，一是不容易操作，二是成效不显著，而学生一旦看不到成果就会丧失信心。于是，刘东美想让快板走进学生的心田。

快板作为一种传统的文艺形式，说起来朗朗上口，表演起来节奏感强，人们喜闻乐见。如果能把现行语文教材中各种具有人文性、历史性，甚至抽象性的知识点加以整合编撰，并适时地将它们运用到教学之中，对于提高学生的学习兴趣，加深学生对知识点的理解与记忆会有事半功倍的效果。于是刘东美将快板这一艺术形式渗透到语文教学中，开启了语文教学渗透快板教学的研究之路。

苏联教育家赞可夫说过："只有在学生情绪高涨、不断要求向上，想把自己独有的想法表达出来的气氛下，才能产生出儿童作文丰富多彩的思想情感和词语。"而快板台词能更好地激发学生的学习兴趣，使学生在说快板中学到知识、得到快乐，对于贯彻语文的工具性、人文性有一定的帮助作用。

快板教学是培养学生"说"的能力的又一种形式。

（1）练习绕口令，打好基础。

要想说好快板，首先要练好嘴皮子。借助校本教材《金口常开》一书中的绕口令来练习，因为绕口令是练说的基本功。利用双语演讲时间和语文课前3分钟及课尾3分钟，老师先教会学生怎样读，怎样练习绕口令，然后和学生一起读和背。背好内容后，再拍手打节奏。每个学生一个月之内至少要练会两三首绕口令。

（2）展示快板熟段子，激发学习欲望。

练好了嘴皮子，让学生观看一些很熟悉的快板段子，如张志宽的《说大话蝈蝈跟蛐蛐》等，激发学生学习的欲望。练好之后，由学生自己搜集喜欢的快板段子，先背下内容，但并不急着教学生，而是在学生急着让老师教的时候水到渠成地完成教学，正所谓"以学定教"。然后展示给学生一些快板台词让学生读，再背熟。刘老师先教学生怎样说快板台词，因它是有节奏的，要让学生打着拍子说，然后按照快板打法的节奏进行训练。

（3）教学打板，步步扎实。

①在学生掌握快板节奏的基础上，逐步教学生打板。

学生打快板的节奏掌握得差不多了，刘老师便让学生带快板到学校，开始一步步地教学生打板。她搜集了很多传统快板的资料，先自己学习，练习打板，又结合天津快板和山东快板的特点，进行有利于学生特点的打法教学。因为学生的手比较小，大板打起来不方便，而且容易滑板，于是她根据学生的情况，先教学生打小板的方法。以下是为学习时搜集的资料，作为借鉴学习的内容。

基点：最基础的。做法：用无名指推底板，前四块板被推起，就会听到"嘀"的一声，板与板互相来回撞击时，就会听到"嗒"的声音，声如：嘀嗒｜嘀嗒｜嘀嗒｜嘀嗒｜。

单点：用底板推动四块板，发出"嘀"的声音，大拇指在前挡，发出"咯"的音，再挡回，又发出"嗒"的音，反复如此，声如：嘀咯嗒｜嘀咯嗒｜嘀咯嗒｜嘀咯嗒｜。

复点：由一个单点和一个基点组成。声如：嘀咯嗒｜嘀嗒｜嘀咯嗒｜嘀嗒｜。

混合点：前四板来回摆动撞击，各打出一个重音，也分为快慢打法。如：嘀咯嘀咯｜嘀咯嘀咯｜嘀咯嘀咯｜嘀咯嘀咯｜。

②练习快板，刘东美教给学生"五功三技"的方法。

为了熟练打出各种"板式"，加强"臂""肘""腕"的熟练度，将基本功分为五种："搧""撩""颠""摇""抖"。此"五功"的练习方法详见学习材料中的"附录"。学生平时根据下发的学习材料进行练习。

③合成练习阶段。打板熟练之后，进入合成练习阶段。

其口诀：一二三、三二一、一二三四五六七，手起、板动、声响、口诵，熟练到起板就能出声，打板即能成诵。

练习要求：

位置：持板的姿势"低"不超过腹部。展示时，动作舒展，运用自如，达到能"立搧""平撩'，退进自如，说明学生打快板的水平已经相当熟练。

节奏：打板的节奏是很关键的，以钟表秒针（嘀嗒｜嘀嗒｜嘀嗒｜）这样一个速度作为节奏标准，练习时可采用快慢或者快慢互换的速度，有利于练习节奏的准确性。

音量："强弱"要把控好，发挥五指的不同作用，互相配合，控制音量。

（4）挖掘语文教材中的相关知识，整理汇编班级的快板教材。

在备课时注意挖掘与教材中知识点有关的内容并加以整理，在教学中恰如其分地传授给学生。做法是让学生在教材页边距的空白处工整地写上快板词，课堂上可以示范地说一下，目的是激发学生说的兴趣，只注重说的口头表演，让个别学生展示一下，以备学生在茶余饭后、闲暇之时诵读传说，从而加深对知识点的记忆、巩固。快板词的设计内容是为整个课堂教学目标服务的，内容也与文本内容相符合。快板词要突出短小、精悍，概括力强的特点，必须根据教材的需要进行编写，不可滥用；也可以搜集课外适用的快板内容。

如每学期背诵30首古诗，每天都背诵，利用快板的节奏进行朗读、背诵，起到了意想不到的效果。如：国破/山河在，城春/草木深。感时/花溅泪，恨别/鸟惊心。烽火/连三月，家书/抵万金。白头/搔更短，浑欲/不胜簪。任何一首诗都可以用快板打出，而且学生背起来朗朗上口，记忆得更快。

以四年级语文上册中的《长城》为例，谈一下刘东美是如何在快板词中落实人文性这一教学理念的。刘东美和学生根据所学的课文内容，一人一句，边说边练，边说边修正，编写了关于长城的如歌谣一样的快板词："长城长，长长城，蜿蜒盘旋绕九行，长城上面有城墙，城墙高大又坚固，城墙方砖来铺成，块块条石整齐列，五六匹马能并行。两个方形大口子，一是瞭望二射击，三来屯兵进堡垒，传话方便又迅速，打击敌人有一套，万里长城万里长。秦始皇号召来修建，辛苦了千万老百姓，长年累月运石块，用肩扛来用手抬，滴滴汗珠滚下来，累倒的尸体一片片，保卫了国家和人民，竖立了古迹一丰碑。它用血汗智慧来浇灌，气魄雄伟令人赞，东方立起了一条龙，那就是万里长城，万里长！"

（5）运用层级评价，激发持久兴趣。

刚开始打快板时，学生感觉好玩，都愿意打板，可是时间一久，学生的兴趣渐渐减弱了，刘东美便开始让优秀的学生上台展示。为了激励学生坚持做下去，她实施了分层评价，即分组实践"检查、督促、交流、评价"的步骤。

检查：将班级分成4个大组，有两个组长，组长负责具体成员。内容检查要过关，都过关后，小组发"小笑脸"以资鼓励。组员有背诵得很熟练的，奖励"大笑脸"。有的成员能力很突出，如既能打板又能说得很流畅的，发班级特别奖——书。

督促：小组评价实施组长先自评，老师评价小组实施的捆绑式，这样的督促方式使做事很拖拉的学生也会积极地背诵和练习。

交流：每周四、周五早上至少要有一名学生上台展示打快板。每组轮流进行展评。一个月班级集体展示一次，刘东美会提前布置8名学生做好准备，安排班干部装饰黑板，然后展示。一开始是由老师安排学生，后来由小组推荐学员上台，每人必须轮一次。

评价：班级墙上有总的评价栏，每一个小组都有自己的组名，有的叫"雏鹰组"，有的叫"团结组"，有的叫"飞翔组"，每组获得的"小笑脸"够10个即可换得一个"大笑脸"，10个"大笑脸"即可换一个本子，够50颗后，前2名的小组成员可以获得老师颁发的神秘礼物（如小西红柿、苹果等，老师将食物放在他们嘴里，在学校里被获准吃东西可是一件很荣幸的事情）。

语文实践活动为孩子们打开了一扇窗，他们在乐此不疲的实践中爱上了语文，喜欢打快板、喜欢交流、喜欢搜集、喜欢创作，他们感受到了语文课堂之外的生活的无限魅力，语文素养也得到了提升。

第三乐章　理想——在晨曦斑斓里放歌

在带领学生经历丰富多彩的言语实践活动后，学生的口语表达能力变得特别突出，能落落大方地阐述问题和事情了。可刘东美也发现，个别学生的"说"依然缺乏内涵。于是，她将口语表达和经典诵读、习作练习结合起来教学，学生的"说"促进了阅读、习作能力的提高。并且将教材和课外资源进行了整合，收到了事半功倍的效果。学生有了丰富的积累后，表达也更加水到渠成，他们将积累内化为自己的知识，提高了语文学习能力。学生的学习能力提高了，家校沟通更顺畅了，班级管理也更有秩序了。

1. 巧妙的整合，让阅读走上快车道

"整合阅读"就是将语文书中的单元进行整体教学，整合单元课时，课堂变得"削瘦"了，但大量的课外阅读材料被引进课内，加强了学法引导，结合教材特点，交替使用辐射阅读教学法和单元整体推进教学法。

主题推进教学法，分课内、课外、课内外结合三个类型。课内学习中的字词文学习分三个步骤：自主预习、生字过关、朗读过关。这三个步骤的学习为接下来的精读课文学习、主题阅读打下了坚实的基础。精读课文学习分为以下步骤：知识迁移，达成目标——感情朗读，理解文字——自读点拨结合，熟读成诵积累语言——练笔巧设计，提高细无声——回归整体，体会结构——总结学法，拓展自读。课内外结合课型由随文阅读、阅读课阅读、课外再读的方法完成教学。课外阅读由课前微阅读、光影阅读、课后再读的方法完成教学。

具体分为"五个课型，五步展示"：

随文阅读课：利用教材文章所学方法指导阅读丛书中相应的一两篇文章，或是选择适宜的段落阅读。

比较阅读课：将丛书文章和其他课外书中的几篇文章进行比较阅读。

阅读指导课：几篇文章整体阅读，简单理顺内容，学表达。

纯阅读课：静心读书，为集中展示课交流做准备。

集中展示课：交流汇报，加强积累，引领阅读。

基本流程为：

（1）知内容：读完一个模块后，读懂了什么？即通过感受最深刻的内容，了解文章的主要内容。小组互助交流，教师明确交流任务和交流时间，即学生自学时的所得，时间一般控制在3～5分钟。交流的过程由小组长进行调控。

（2）悟情感：通过阅读，对语言文字的体验，对文章人物情感或精神品质的感受都有了深刻的理解，从而有感而发。

（3）学表达：通过阅读，知晓文章运用了哪些表达手法，自己又有哪些习作方法的收获等。

（4）勤积累：摘记优美的字词、句段，背诵识记；形式可以是个人背诵，也可以是集体背诵等。

（5）巧引领：由本单元的主题、内容、情感、作者延伸，向学生推荐一两本书；要求学生读整本书。

以上五方面是相融相承的，既可独立成一个环节，又可以互为补充和融合。有了具体的操作模式，学生便容易理解，愿意将其融合到学习中来，老师也容易操作，便于掌握资源、把握学情。

2. 高效的课堂，让语文别具魅力

高效课堂一直是我们追求的目标，我们在思考：往年课改，我们常停留在改变课堂形式，但是理念的渗透没有多大改变。因此，虽然推出了多样"模式"，但学生的学习依然没有多大改变。经过深究和研讨，我们明白了不能仅把课堂深度变革停留在模式建构上，而是要以模式建构为起点，推进精彩课堂建设，使课堂从以教为中心走向以学为中心，建立民主、科学、多元的课堂。

学校在全员听课的基础上，进行了课堂教学问题会诊。针对教学中存在的问题展开讨论，达成了共识，找到了制约课堂走向高效的症结，使教学改革目标更明确了。在学习与研究的基础上，学校进一步提出了实现目标的策略。

刘东美先示范，带领着语文工作坊的教师精心打磨课堂，努力实现课堂教学由"以讲为主"向"以学为主"的变化，让"常态课"精彩化、高效化。

特别是开学初和临近期末时，有相当一部分学生变得比以往更加浮躁，有的学生的成绩忽上忽下，很不稳定。如何稳定学生浮躁的心，刘东美的教育教学感受是，要想让课堂效果好，就要让学生喜欢你、佩服你，乐意接近你，甚至要成为学生心目中的"偶像"。

（1）适当分享自己的快乐

一个人的快乐是一次快乐，与别人分享快乐是一片快乐。在课堂上，刘东美总是让快乐流淌。

前年冬天下第一场大雪的时候，学校为了学生的安全，不让学生们到雪地里跑跳。刘东美看到有这么好的雪，学生又期盼着出去玩，于是她选择了一片雪厚、安静的区域，带领学生们到雪地里展开了堆雪人比赛。每个小组忙碌着，每个学生快乐着。最后胜利的小组欢呼着，没胜利的小组也快乐着。刘东美给每个小组拍照留念，还给他们讲了自己女儿两岁时把"雪"当成"面粉"，把"下雪"说成"下面"的故事。刘东美因女儿的童真而快乐，也让学生分享着她的快乐。后来，学生们总会想起刘东美女儿那快乐的"语言"，想起那个快乐的故事。

（2）适当交流自己的错误

人无完人，教师也一样。老师在给学生讲大道理的时候，学生心中可能也在想：老师能做到吗？在讲课的间隙，刘东美会适当地、见缝插针地讲讲自己上学时因为误解老师而后悔的事，讲得声情并茂，以此感染、打动学生，让学生从心底理解老师，从心底明白老师的苦心和关心，从而更佩服老师的为人。他们面前给他们讲课的老师也犯过错误，但老师敢于面对错误，敢于承担责任，敢于忏悔，敢于纠正，因此他们会更加尊敬老师、敬畏老师，从而用实际行动回报老师的教导。

（3）适当展示自己的特长

刘东美发现自己班学生的习作水平有些低，便采取了一些措施，先是教学生掌握基本的技巧，再是让他们多读书，还有就是和学生一起习作等。

刘东美平时愿意撰写一些小文章，其中一些已登报或是刊登在书上。她会将自己参加一些论文比赛获奖或者辅导学生获得的证书拿来给学生们看。刘东美会和学生说："老师今天很开心，你们愿意分享我的快乐吗？"热情而好奇的学生自然会说："愿意！"当她把证书或者发表的文章亮出来时，学生们会发出"哇"类的感叹。

适当露一下你的特长，学生就会对你另眼相看。有一次，刘东美背着一个大书包走进教室，学生们一头雾水，不知道刘老师葫芦里卖的什么药，急切地想知道接下来要发生什么事情。刘东美从包里掏出了两把小勺和三个装着不同液体的小瓶子，往小勺里倒一点儿液体，摇一摇，搅一搅，两把小勺中发生了不同的变化，学生们惊得目瞪口呆，但有的也表现出疑问。有的说："小勺有问题？""不对，老师捣鬼了吧？""是倒的液体不一样。"猜测声此起彼伏，刘东美笑而不语。为了让学生猜接下来发生的事情，她把演示的实验又做了一遍，学生觉得老师的"魔术"太高明了，一点儿破绽都没有。最后刘东美揭示了答案，原来她用了一些化学原理，这是学生们到初中以后才可以学到的。学生们认为老师很"神奇"。其实，平时多看新闻，多了解语文课之外的事情，把自己了解的国内外大事融合在课堂中，课堂就会更加生动活泼。

（4）适当展示自己的幽默

课堂上，如果能恰当地使用幽默，无疑就会使其成为活跃课堂的润滑剂，让学生在轻松愉快中度过40分钟。刘东美总认为课堂上没有幽默、没有激情是做不好事情的，暂时压抑情绪也许可以，长此以往就行不通了。

当学到"枪"字时，刘东美把这个字与"轮"字做比较，有个学生跑神了，正在做小动作。刘东美观察他一段时间，可他依然玩他的。她灵机一动，让大家组词，同学们很快组了"手枪、枪手、冲锋枪"等，于是刘东美用手比画成手枪的样子，右眼睛一眯，瞅准那个做小动作的同学，同时嘴里发出"啪啪"的声音，其他同学明白了刘老师的意思，那个同学听到大家的笑声抬起头，这才明白原来"老师的'枪'指的是自己"！刘东美看他有些不好意思，于是像个枪手似的很潇洒地用嘴吹吹手指"枪"，并说道："谁再做小动作，就'轮'到他了，我这个'枪手'可是毫不客气的。同学们都会意地笑了，大家在开心的同时，也将两个生字学会了。"

如果感觉到学生有些疲惫，一个幽默的笑话、一个简单而又神奇的魔术，能立刻把学生从疲惫或消沉中解脱出来，并能顺势完成教学任务。一名可以成功驾驭课堂的教师应该让学生感觉到他几乎不是在听课，而是在"享受"，他们"享受"的是由老师"传送"的人类知识的精华。

以前，学生只知道刘东美老师除了教他们语文外，还喜欢画画，却没想到刘东美老师还能表演几个近景小魔术。在刘老师的语文课堂上，掌声、惊讶声不断，刘东美老师也成为他们喜欢的老师之一。学生们只知道刘东美老师除了会书法外，还喜欢弹琴，没想到立定跳远竟也超乎他们的想象。刘东美也没有想到，因为自己的一些小技能，竟还能拥有一批学生"粉丝"，这给刘东美今后育人方面又提供了很好的经验。

3. 尽心地工作，让班级特色显风采

"在平凡中体验感动，在感动中创造精彩。"这句话印证了刘东美老师的成长足迹。作为学校的一名语文教师，她一直兢兢业业、踏踏实实地工作，她用自己满腔的热忱默默地耕耘着，无悔地奉献着，播种着希望，培育着桃李，收获着甜蜜。

（1）用平凡之爱滋润学生心田

她用博大的慈爱感化学生，用优良的师德教育学生，用非凡的益友之情关心学生。学生被送走了一批又一批，她对学生的爱却一直在延续。担任班主任期间，她一直致力于班级管理上的创新，可始终不变的一点儿就是对学生的爱。她常说：当你把自己的爱心袒露给学生时，你也便拥有了孩子的真心，这就是最美的教育。她从不歧视任何一个学生，她和孩子谈心，让人忘不了的是她那不变的笑容；与学生活动，让人看到的是她那孩子般的天真。不管遇到什么事情，她总是把灿烂的笑容留给学生，她的学生都说，和刘老师在一起是一种幸福。

她用真诚关爱学生，精心塑造学生的心灵，把每一个学生都作为有个性、有希望的人去尊重、去爱护。王晨旭是她班上的一名学生，个子不高，比较内向，平时少言寡语，上课喜欢做小动作，成绩不是很好，时不时为班级添点乱，多次找他谈话，总是一问三不答。在一次作文中，刘老师发现他的日记中有这样一段话："我叫王晨旭，爸爸给我取这个名字是希望我像早晨初升的太阳一样，充满生机。"刘东美老师决定从他的名字入手再次找他谈心，让他重新认识自己，不辱没自己响亮的名字。果然，这一次很奏效，后来刘老师就郑重地任命他为劳动委员，没想到，自他担任劳动委员后，班上的卫生状况有了很大改观。思想的转变促使他学习成绩有了很大的进步，以前总考不及格的他在期末考试中竟然各科全得了优。

毕了业的学生始终想着她，节假日、周末时总会有很多学生去刘老师家，围绕在她身边，别提她有多快乐了。刘老师总是乐呵呵地问这问那，仿佛只有和孩子们在一起，她才算找到了幸福！

（2）用事业之勤催开幸福之花

要做一个好老师，只有爱心是不够的，厚重的素养、渊博的知识、精彩的课堂才是吸引学生们的关键，刘老师用自己的智慧与拼搏催开了课堂教学的绚丽之花。

刘东美知道课堂是教师与学生共同的幸福乐园，唯有精彩的课堂才能赢得学生的掌声和欢迎。要想让平凡的课堂变得多彩起来，只有让课堂"活"起来。为了让自己的每一堂课都精彩纷呈，她悉心学习，刻苦研究，积极探索教育教学规律，加大新型教学方法的探究力度，大胆改革课堂教学。针对小学生的特点，她率先试行"快乐语文课堂"的教学模式，坚持以学生为主体、教师为主导、教学为主线。她带着自己对语言的独特理解走进课堂，注重阅读、强调积累，把时间和空间还给学生，让学生学会学习，取得了明显的成效。她针对低年级学生的特点，专门研究了"让学生动起来"教学法，并在《青州教育》刊载，获得了潍坊市优质课一等奖。"三说N主题"口语交际教学法获得市级小课题一等奖，并入选《有效教学策略》一书。凭借自己的执着、坚韧、才华和智慧，刘老师致力于"自主、互助、学习"型课堂教学模式的探索，打开了一条通往高效语文学习的新路。

"让不够聪明的学生变聪明，让聪明的学生更聪明。"教师要充分调动学生学习的主动性和自觉性。学生们说："我们从刘老师的课中体会到了语文学习的乐趣！"

她的教学，资深教师总不由得赞叹道："感觉乱而有序的课堂上，她总是笑着感受学生的智慧，不时以'谁还有不同的想法'引领学生探究更多的延伸问题。她独特的教学智慧为不同思维水平的学生成功地搭建了平台，有效地激发了学生的学习兴趣。"

天道酬勤。她的课堂教学再次迎来春风，她东到青岛，北到北京，西南到重庆，南下福建讲课，多次在潍坊市语文主题现场观摩会上执教公开课并做经验介绍。

刘东美在课堂教学方面取得了令人瞩目的成绩，在班级管理上也收获着不一样的成功，她的班级曾获得"潍坊市优秀班集体"称号。正值不惑之年的她享受到了教育的快乐。

4. 不同的关爱，感动于生命的体验

作为一名小学教师，刘东美的日子过得平淡如水，她从未奢望波澜壮阔、轰轰烈烈的生活。但随着时间的无情流逝，刘东美的双眼不得不重新扫视这个世界，才发现变幻莫测的世界对她有着太多太多的诱惑，于是，她渴求一种叫"幸福"的生活，但她无法给"幸福"下一个准确的定义。直到有一天，刘东美不经意地走进了幸福，这时她才明白，幸福来自于一种叫感动的情愫。

（1）同事的关怀

"东美，东美。""你能听到吗？"此时，刘东美已经有了些意识，能听到有人叫她，但是眼睛睁不开，身体无力，无法回答。她又听到医生在说："应该有知觉了，再叫叫。"又有人在叫刘东美，看到她能点头了，老师们就放心了。躺在急诊病床上的刘东美，也不知道自己怎么来到了医院。随着意识越来越清楚，她想起了学校正在举行立德课展示，自己是评委中的一员。她先上了一节语文课，第二节听立德课，当时她就感觉有些头晕，但一想：自己是评委，不能不去听课，于是拿上一个板凳，往二楼讲课教室走去，当时腿就有些发软，不过她心想自己能挺过去。刘东美一直认为自己的身体棒棒的，不会出事的。走进教室后，有的老师看她不舒服，就关心地说："你不舒服，就回去吧。"刘东美说："没事，别耽误了。""邱老师，我靠靠你的椅子背吧。"小邱老师坐着一把有椅子背的椅子，她想让刘老师坐，可刘老师觉得只

要在椅子背上靠靠就行，不然头晕得厉害。不一会儿她就失去了意识……

醒来时，她已躺在病床上输液了。郝德军、段绪燕、张华秀、黄韬——刘东美老师睁开眼看见他们，眼泪哗哗地流下来，她说的第一句话是"没事了，耽搁你们了"。因为学校还有很多工作需要他们去做，于是，男同事先回校工作，留下女同事陪着刘老师。她说自己都不知道怎么就头晕了。急诊，是救治危重病人的地方，她竟然也到了这里，这真是连她自己都无法想象的事情。后来刘东美看到纪校长带领着学校领导班子急匆匆地赶来看望她，眼泪再次不争气地流下来，此时，无语就是最好的回答，校领导每句话里都充满着关切的问候。刘东美也才意识到，有时身体透支了，自己却不知道，依然拿着年轻时的干劲在做事情。

"好了伤疤忘了痛"，同事们又在说刘东美了，"不好好休息，又来上班了。""地球离了你照样转，双语离了你照样行。""这么拼命干什么？"刘东美知道，同事们既心疼她，又关心她。"今天下午还有两节语文课，我舍不得呀！"他们都对着刘东美无语地摇头，而此时刘东美感觉自己是幸福的，因为有人在关心她、在乎她……

刘东美经常说："我的生命里少不了感动，是感动让我记住过去、体味现在、憧憬未来。"刘东美是一个容易感动的人，别人一个鼓励的眼神，一句温暖的问候，一次及时的帮助……常常会激起刘东美心中的涟漪，甚至使她眼眶湿润。

（2）家长的认可

"刘老师，我们想买书，就是不知道买什么？您能给些建议吗？"这是一位家长发出的疑问。说实话，这位家长曾经对于班级的活动不以为意，也不支持。在其他家长都参与爱心捐书活动和购买图书的情况下，他装作什么也不知道，活动不参加，甚至家委会主任给他打电话，他也不接；作为班主任的刘东美老师给他发短信、微信，一律不回，家委会成员直接放弃了他。而刘东美没有放弃他，因为这项活动是面向每一个学生、每一位家长的，她觉得要负责，要对得起其他家长。于是，刘东美亲自给这位家长打电话，可这位家长还是不给面子，不接电话，也不回信息。于是，刘东美抽时间，直接去家访了。面对老师的坚持不懈，这位家长也谈了自己的想法，原来他有个顾虑：他觉得自己的孩子不爱读书，另外孩子还有半年就毕业了，所以他就不想参与这项活动了。了解了家长的想法，刘东美马上跟家长讲清楚了这项活动的深远意义。这位家长虽然有些不愿意，但是他对刘东美的工作给予了很大的赞扬。他觉得老师为了这么个小事专门来家里家访，还为自己的孩子买了新书，一是感激，二是感动。被刘东美老师的诚心和热心打动了，他马上拿出钱来参加，刘东美说："这件事不是我负责的，而是家委会成员负责。我只是协助他们工作。而且您这样做了，也会让您的孩子很有面子，她会更喜欢读书的。"果不其然，在家长们发书的时候，这位家长的孩子脸上放着异样的光，与平时面无表情有了天壤之别。刘东美马上跟家长汇报了孩子的进步，家长没想到这么小的一件事让孩子找到了学习的动力。后来这位家长对班级的事项参与得很积极，也愿意主动参加班级的其他活动，对老师的工作给予很大的支持。

只有用真诚去感动家长，才会融化他们内心的坚冰，打动家长的心；如此一来，家长对刘东美的工作就更加理解和支持了。

王晨宇的妈妈说："我的孩子会阅读了。刘老师从引导孩子读简单的童话故事、寓言故事《新童话大王》《安徒生童话精选》《格林童话》《一千零一夜》开始，到读学生喜欢的儿童文学作品《绿野仙踪》《草房子》《长袜子皮皮》《大林和小林》《时代广场的蟋蟀》《爱丽斯漫游奇境》及整套的语文主题学习丛书，到逐步拓展，广泛涉猎。孩子大多喜欢读故事性强的书，但读书要广博，要涉猎不同类型的书。每个学期她都给学生推荐阅读书目，从推荐科普类书籍《我们爱科学》《十万个为什么》《图说天下》等系列，到中外名著、青少年版中国四大名著，《汤姆索亚历险记》《海底两万里》《鲁滨孙漂流记》等。孩子从一开始需要老师的推荐到后来自觉地阅读，从读短小的故事到读整本书，从读整本书到阅读整套丛书，他们阅读着、快乐着、学习着、积累着……读书真是让孩子受益匪浅呀！"

"我的孩子会积累了。阅读的视野为孩子打开了认识世界的一扇窗。正如鲁迅所说：'读书须如蜜蜂一样，采集过许多花，才能酿出蜜来。'我的孩子在刘老师的指导下，读书的同时能摘记许许多多的好词佳句，还能顺手拈来好段落，张口能讲惟妙惟肖的故事，手抄报能做得版面新颖、内容充实。读书体会写得切入主题、触动人心、感受深刻，这些都是阅读积累带给他的。感谢遇到了这么好的老师。"祝光一的妈妈说。

"俺那'调皮鬼'会积极背诵了。他在家背古诗、作对子、说成语、播新闻、打快板时，无时无刻不在背诵，他说他的小组还要展示。那认真劲儿就别提了。那天放学回来，他说他的快板还在刘老师的公开课上展示了。他兴奋得不知道怎么表现了！"李德航妈妈笑逐颜开地说。

周冠旭家长说："我那女儿从小胆小又不自信，做什么事都缩手缩脚。自从会打快板了，活泼多了，有时还愿意在亲戚朋友面前露一手呢！是语文实践活动改变了她。女儿的语言越来越丰富，老师、同学也对她赞赏有加。这让女儿越来越自信。现在的她开朗活泼，上课常抢着回答问题。感谢老师的快板课程。"

于洋妈妈常说："说快板让于洋变得勇敢，有自信了，口才更是练得一流，还成了班里的'小名嘴'"。

"我们会写作了！"一个小组成员喊道。学生的日记中记载着刘东美师生一起观察爬山虎脚的经历。学生的演讲稿中讲述了老师关心学生的小事例。学生的习作中也记录着同桌的调皮和可爱，书写着自己的小秘密。习作中优美的语句多了，让人感动的语句多了，充满真情实感的语段多了，学生的文章更加精练了，选材更加巧妙了。学生的习作也在各级各类征文比赛中获奖了，喜悦挂在学生的脸上，那是成功的喜悦。

（3）学生的感恩

刘东美老师有时会把没有批阅完的试卷拿回家批阅，这样就可以在第二天及时发给学生。她说："记得有一次孩子还很小，她对妈妈批阅的试卷感到很好奇，总是乱翻一气。刘东美就一边抱着她，哄她快点儿睡觉，也好让自己快点儿阅完试卷。当她的小手一伸到试卷上，刘东美就用腿摇晃她使她远离试卷，其实是怕她撕坏讲卷。刘东美专注于批阅试卷。不知道过了多长时间，她竟然忘了小家伙还在自己的腿上呢。怎么这么老实？一看，孩子坐在自己的腿上睡着了，小脑袋耷拉着，两眼使劲闭着，好似有太多的不情愿……"刘东美的女儿也经常撅着小嘴，埋怨她说："妈妈，你对你的学生要比对我好！"是呀，和学生在一起的一幕幕情景，总会如放电影一般展现在她眼前。

"刘老师，你的喉咙哑了，这盒'金嗓子喉宝'是我送给你治喉咙的。您的学生徐慧杰。"在刘东美的抽屉里有这样一张纸条，里面包着一盒"金嗓子喉宝"。这是二十多年前，刘东美教一年级时，学生看到她的辛苦付出为她做的事（当时有的字还是用拼音写的）……

"刘老师，我今年高考，一考完，我就去看望您。"这是即将面临高考的孩子发来的QQ短信……

"刘老师，我是郝梓羽，我和崔琪伟到学校看望您，可是您开会去了，没见到您，很遗憾。不过，看到学校变化很大，我们也很开心。刘老师，过些时候再来看望您。"这是两个刚刚升入初中的孩子给刘东美的留言条，放在门卫处。

下雪了，和孩子们跑进雪地里，堆雪人，打雪仗；春天来了，和学生们走进校园，寻找春天；夏天，捡拾不同的树叶做叶片画；秋天，他们一起赏菊花，一起摘石榴、品石榴……

与学生在一起的一幕幕总时不时浮现于眼前。作为一名小学老师，刘东美虽然没有做什么惊天动地的伟大创举，可是，每天穿梭于孩子们之间，忙碌着，感动着；辛苦着，感动着；快乐着，感动着……生命也在感动中得以升华，感动让刘东美的教育生命更加绚烂多彩！

（4）家人的理解

这还得从一包热气腾腾的玉米棒子说起。贴心的公公什么也没说，为了让刘东美吃上新鲜又软嫩的玉米，一大早把玉米煮熟放在袋子里，防止凉了。只因忙碌着，刘东美还没来得及吃。公公经常对外人说："我儿媳妇是当老师的（脸上洋溢着很自豪的喜悦），她整天为了学校的孩子们忙碌，也很累。在学校忙，在家也忙，我们能帮的就帮帮她。"

看似简单的话语，却饱含了他对儿女的理解，特别是对刘东美这位当老师的儿媳妇的理解和支持。是呀，为了工作，她总是勤勤恳恳、兢兢业业。为了心中的教育梦，她甚至废寝忘食。作为家人，他们看到的是刘东美作为教育者的忙碌，他们也看到了毕了业的孩子们回来找刘东美玩的情景，作为教育者的家人也是很欣慰的。

你若盛开，清风徐来。一摞摞的证书并没有阻止她前进的步伐，"阅尽高山尽是峰"这句话时刻提醒着刘东美，提醒她前方的路还很长，虽然充满挫折，但"花开有声，教育无痕"的道理她最懂，她不想错过教育带给她的每次感动，不想放弃每一个精彩瞬间。课堂是她的阵地，拼搏是她的武器，创新是她的灵魂，让语文课堂更精彩，让每个孩子幸福、智慧地成长是她永恒的追求。

"星辉"班级一直在路上，和孩子们"满载一船星辉"是快乐的。刘东美喜欢"教育无痕"这四个字，她说："教育无痕不仅是一种智慧，更是一种艺术和追求，是一种境界和层次，是教育工作者应终身追求的境界。"教育无痕，谆谆教导随风潜入夜；关爱无影，丝丝温暖如春风化雨；大爱无言，在教育路上书写感动和精彩！

刘 萍
诵墨讲堂，欣赏怒放的生命

刘萍简介

刘萍，青州云门书院双语学校语文教师，青州市教育先进工作者。

在班主任工作中，刘萍坚持对学生做到：一张笑脸相迎，一句好话回应，一双眼神鼓励，一颗爱心相待。她用高尚的师德与完美的人格，对学生进行潜移默化的影响。"好雨知时节，当春乃发生。随风潜入夜，润物细无声。"教师的完美人格与高尚的道德操守就是那润物的"好雨"。2012年她创建了"诵墨讲堂"特色班级，带领孩子们诵咏文典，墨书国章，通过诵咏，孩子们展示出了自信和勇气。墨书国粹华章，培养孩子们的正气和阳光。

刘萍心语

既然我爱上了教育，我便愿意与阅读同行，与思考为伴，爱心永相随，让我的教育教学花开灿烂，一路温馨。诵墨讲堂，让我的思想在教室里生长，让经典和国粹伴随每个孩子快乐成长。

家长感言

女儿小学毕业已经半年多了，学习任务越来越重，但语文的学习还是游刃有余。这得益于在小学时语文刘老师创设的"诵墨讲堂"，它指引着孩子成长的道路。

中国的传统文化底蕴深厚，其中蕴含着很多做人、治学、处世之道。如何将文化中的精髓植根于孩子们的心中，让经典丰富孩子们的精神世界，刘老师的"诵墨讲堂"所开展的活动就是很好的范例。在每节课前诵读经典诗词文章，像《三字经》《千字文》《论语》《自编古诗词》《小古文》等，这些朗朗上口的文字经过每天的诵读，孩子们都能倒背如流。女儿每天回家后都会把今天诵读的内容再背诵几遍，以达到熟练的程度。虽然有些内容，孩子可能还读不懂，理解不了里面蕴含的道理，但印在孩子头脑中的文字会滋润着孩子的成长，相信经过时间的推移，这些文字会内化为孩子的思想和行动。

让孩子们认真书写，感受汉字的美是"诵墨讲堂"的另一主题。"认真是一种能力，态度决定一切"是刘老师常挂在嘴边的一句话，刘老师以身作则，从课堂上的板书，作业批阅，到通知公告，只要是展示给孩子们看的文字，她都是一笔一画地认真书写，这种无言的行动是孩子们学习的榜样。书法的练习从临摹字帖和每天的作业书写开始，要求只要是写在纸上的字就要认真，老师、家长做好督查。学校每周一次的书法课，让孩子们掌握字的结构、部首、笔画的规范书写。写春联活动、书法大赛等让孩子感受书法的魅力。虽然女儿现在学习时间紧，但书写还是很认真，这就是在小学养成的认真书写的好习惯在发挥着作用。

现在女儿喜欢读书，擅长作文，爱看《中国诗词大会》《经典咏流传》等电视节目，这些都与"诵墨讲堂"活动的开展有着千丝万缕的联系。愿"诵墨讲堂"越来越好，惠及更多的学生，助力孩子们的学习和成长。

——董姝彤爸爸　董玉春

诵墨讲堂，欣赏怒放的生命

诵咏文典，墨书国章。诵咏文典，诵的是中华五千年百花齐放一脉相承的文化典籍；墨书国章，墨的是山河两万里浩然正气堂堂正正的国粹华章。我们诵咏的不仅是文化典籍，还有通过诵咏展示出来的自信和勇气；我们墨书的不仅是国粹华章，还有通过墨书培养出来的正气和阳光。

——题记

一个班集体，总要有这么一个载体，是大家都喜欢的。它是展示学生的平台，更是收获成功、增强班级凝聚力的有效凭借。目光追寻着学生的兴趣点，我在搜索，我在定位。

一个班集体，到了某一阶段，总会凸显出班级独有的风格。这种风格影响着孩子的成长和发展。我在观察，我在总结。

一个班集体，要有这么一个舆论导向，想方设法激励那些勇于挑战的孩子，让他们在学习中动手动脑，不断创新，乐此不疲。德育与教学作为学校工作的两大部分，本就是密不可分、彼此交融的。身为班主任，我们更是德育工作者兼教学工作者。面对传道授业的繁重工作，如何才能找到班级德育与学科教学的最佳整合点，从而起到事半功倍的效果呢？身为一名语文教师，我始终抓住"诵"和"墨"这两个方面。于是，针对高年级班中个别同学没有养成良好的学习习惯，个别同学浮躁又缺乏自信的实际情况，并结合特色班级的创建，我们确定了班级的建设理念——"以文载道，文道统一"，并以"诵"和"墨"为依托，创建了特色班级。

以文载道，以文育人

以文载道、以文育人是一种"静以修身，润物无声"的潜移默化，是一种

"桃李不言，风行草上"的率先垂范，更是一种"纸上得来终觉浅，绝知此事要躬行"的实践体验。

1. 小古文的熏陶

"问渠那得清如许？为有源头活水来。"在读小古文时，我们要积累的就不仅是文言词汇和语言了。因为诵读小古文孩子们将思想和精神融于血肉，即中国思维、中国智慧、中国情怀、中国美感、中国气派、中国意识等，那便是中国魂。

2. 话剧，阅读的催化剂

通过引导学生自编、自导、自演课本剧、话剧，培养我们合作学习、探究学习的精神，从而加深对教材、对生活的理解，增强其与教材、与社会的互动，使他们多方位地汲取文化营养。另外，通过活化作品人物，提高学生的审美情趣和鉴赏能力，培养学生的团队合作精神和集体荣誉感。

3. 让学生多才多艺

上学期副班主任刘小龙老师加入我们，让孩子们诗书画共同发展，他带领孩子们在国画的世界里纵笔挥洒、墨彩飞扬，描绘景物的神韵，以此来抒发自己对大自然的感情。国画不是一蹴而就的，墨的浓淡干湿，用笔的轻重缓急，要做到恰到好处，就需靠平时的实践积累，用娴熟的技巧去灵活应用。每一笔都需要进行无数次的练习，从而培养孩子们的耐心。

4. 开心农场，给孩子们带来无穷的乐趣

学校的一角被开辟出来作为开心农场，我们班种的是黄瓜苗。班里有个很调皮的小孩（小泽），每天都会去看好几次，黄瓜苗长高了、开花了、长出小黄瓜了，每次他都第一时间兴奋地跑去告诉刘老师，还带动了好多同学天天去观察，家长课堂开放日那天他还带家长们去参观了。教室里少了他打闹的身影，他仿佛也找到了自信，在课堂上表现得更加积极主动了！第一次收获黄瓜后，孩子们一起品尝劳动果实，分享成功的喜悦，然后我让孩子们写观察作文。孩子们将黄瓜的茎、叶、花、果实、味道，以及当时分享果实时那种高兴的场景描写得非常细致。大家都积极踊跃地跑到讲台上朗读自己的习作，充满了自信。真像纪校长说的，体验便是成长。

文以明道，文道统一

"纸上得来终觉浅，绝知此事要躬行。"班级需要在特色活动中彰显活力。我班的特色不仅要"在诵与墨中彰显育人效果"，而且要"在活动中育人"。

1. 积累成语

积累成语，即我们班每天会在语文课前抽出2分钟积累四字词语，让学生感受汉字的博大精深和独特魅力，并将它们运用到自己的生活中。

2. "凡人凡语"接龙

"凡人凡语"接龙，即学生以接龙的形式，每天在黑板的右上方书写一句比较精彩而有哲理的句子，比如"我们像蝴蝶一样在知识的花园里快乐飞舞""坚持、努力，梦想就会实现"等，这样既锻炼了学生的表达能力，又给全班设置了一个良好的舆论导向。

3. 自主管理班级

自主管理班级，即每天安排值日生和值日班长两个人组成值日团队，各司其职，放学前对值日情况做简单总结，并将其加入小组评价考核中。此活动带给了学生自信，赋予了他们责任，让他们尝试自主管理。

4. "班级新闻联播"

"班级新闻联播"，即引导学生发现身边积极向上的事情，并把自己的发现以及观点、感受以"新闻联播"的方式在全班进行交流。活动的开展营造出了一种积极向上的班级氛围。孩子们在这种班级氛围的熏陶下，学习做人，也学习怎样写文章。

5. 讲故事

班队会上讲述1.01和0.99的故事，分析1.01、1、0.99三个数字的365次方的差距，并结合平时的学习和生活谈一谈这个数学公式给人带来的启示。

通过这个数学公式，对孩子们提出坚持每天进步一点点的要求。引导孩子们每天制订一个小目标，并将其写在便利贴上，早上来到教室后就贴到目标树上，天天评比，看看哪个小团队的成员坚持得最好。只有坚持把每天的小目标完成好，才能取得更大的成功。

家校携手，助力学生成长

随着社会的发展、科技的进步，电脑、智能电视、智能手机、iPad等电子产品走进了大家的生活。

电子产品的普及，给人们的生活带来了便利，同时带来了一系列的问题。现在的智能手机功能真是全面啊，除了传统通信功能外，拍照、录像、上网、手游……无一不能实现。在公共场所、在家里，"低头族"随处可见。随时拍照、发微博、刷朋友圈，成了现代人网络化生活状态的缩影。有些人开车、骑车甚至过马路时也在低头看手机，很多严重的交通事故因此发生。

有一位学生家长谈到带孩子回老家，孩子问大人们："你们都在玩手机，我们玩什么呢？"我们深知电子产品会对孩子的身心带来不好的影响，所以限制他们使用。我们都希望孩子多读书、读好书。但在这个网络信息"爆炸"的年代，我们的身体和思想正越来越多地被电子产品捆绑。人们正慢慢地远离纸质书籍，碎片化的阅读正在使我们远离深入细致的思考，我们在不自觉间弱化了思维的能力。

为了使孩子们养成阅读的好习惯，刘老师班提出了本次活动的主题——"远离电子产品依赖，回归纸质阅读"。在这个夏天，让我们爱上阅读，一起"思奔"。

2016年7月31日早晨，因昨晚下了雨，所以格外凉爽。活动定于早6点植物园入口处，有些家远的同学还没赶到。在等待他们的时候，不时有早起晨练的人们路过我们身边。也有坐在广场南边的小亭中话说家常的老人。看到这些老人，再想想现在年轻人聚会时的场景，他们是难得像这样促膝长谈的。那大家都在干什么呢？玩手机啊！

同学们陆续到来，签好自己的名字。经过一个假期，有些同学的书写大有长进，字写得漂亮多了。虽然起了个大早，但是在清晨阳光的照耀下，同学们个个精神饱满。大家很期待活动的开始。清点好人数，大家排好队，向着今天活动的目的地——森林音乐广场出发，迎着朝阳迈出今天活动的第一步。

在绿树成荫的小路上，队旗指引我们前进的方向。在队旗的映衬下，同学们的笑脸格外灿烂。雨后清晨里的花草树木都是那么的干净，空气也是那么的清新。同学们脸上洋溢的笑容，感染着晨练的人们，不时有人驻足给同学们拍照。这样的精神状态是我们大家都愿意也喜欢看到的。

到达目的地后，大家开始布置活动场地，家长们给孩子们发放宣传材料。同学们拿到宣传材料后仔细地阅读，熟悉活动主题、内容，边读边讨论。在家长们给同学们说明活动注意事项后，大家开始分组行动，去向路过的人们做宣传。

整个活动流程，需要我们礼貌地向人们打招呼，把我们的宣传材料发给大家，告诉他们活动主题，并引领同意参加签名活动的人们来到写有活动主题的横幅前签名。在活动的过程中，可以看出我们与陌生人打交道的能力在提高。我们从一开始的局促害羞到后来大方流利地说出自己的想法，并与人们自然地交谈，很好地锻炼了我们的交际能力。我们从被拒绝后的失落到得到对方同意参加签名后的满足，提升了自己的心理承受能力。当再次被拒绝后，我们会想：这些人确实很忙，没有时间参加签名活动，无关紧要，只要他们知道我们宣传的主题就好了。从开始我们羞答答的笑到嘴角一直扬起自信的微笑，从被拒绝后暂时的失落到最后理解他人拒绝的原因，我们清楚自己在这次活动中的表现与收获。

同学们仔细认真地阅读、讨论宣传材料的内容。分组完成后，同学们走向路人开始宣传活动。即使汗流浃背，同学们还是热情不减。过往的行人认真地阅读宣传材料，积极地参与我们的宣传活动。

看着同学们和行人脸上的笑容，就知道宣传活动的效果了。我们的热情感染着每一个路过的行人。一个，两个，三个，四个……宣传横幅上的签名越来越多，越来越多的人参与到我们的活动中来。每一个参与者都认真地书写着自己的名字，我们的宣传活动得到了广泛的支持，感谢每一个参与活动的人。在人们书写名字的时候，有同学们扶着横幅，让人们更容易书写自己的名字。这就是与人方便，与己方便。在宣传的过程中，有不少家长和孩子都参与到我们的活动中来。听到人们给予这项活动的赞扬，我们开心极了。

仅剩下一张宣传材料了，不能再发出去了。因为向人们说明活动内容，它可是起了很重要的作用的。

宣传材料发完了，同学们认真郑重地在横幅上写下了自己的名字。自己的活动，我们会更加积极地响应。爸爸妈妈们怎么能拖后腿呢？请他们也签上自己的名字。当他们陪在我们身边的时候，请他们放下手中的手机，关掉电视机，多多参与我们的书籍阅读，参与讨论交流书籍的内容吧。

看着满满一横幅的名字，我们讨论着，这是我们宣传活动的收获。

宣传活动结束了，我们来到森林音乐广场，在长椅上坐下来，拿出自己带来的书，听着清晨的蝉鸣鸟叫，仔细地阅读起来。这一刻，眼中只有我们阅读内容，心里只有我们阅读的内容。我们活动发出的倡议是"远离电子产品依赖，回归纸质阅读"。琅琅书声即是孩子们的朗朗乾坤。这个夏天，让我们爱上阅读，一起"思奔"。从半小时静心阅读开始，请大家跟我们一起，以后每天阅读书籍，坚持一天，坚持一个月，坚持半年，坚持一年……我们会发现，自己发生了很大变化，那是因为我们的生活方式发生了变化。

读书笔记随时做。好记性不如烂笔头。随时把自己读到的好句好段摘抄下来，日积月累，必能很好地提高自己的阅读能力。

半小时的阅读时间到了，孩子们觉得时间怎么过得这么快，自己阅读的精彩段落还没有读完。告诉你们，这只是开始，每天坚持阅读思考，才是我们此次活动的最终目的。下面就让我们来与大家一起分享阅读的精彩内容吧！能在这样的天地里，把自己的阅读思想分享给大家，我们是快乐的。中心内容，阅读感悟，好句好段……同学们自信地大声说出来，大家为同学们喝彩，为同学们的精神状态感到高兴。在我们分享的时候，有不少行人也坐在旁边的椅子上听。看着他们聚精会神的样子，想来他们应该也是被我们所说的内容吸引了。

巴金说"读书是在别人思想的帮助下，建立自己的思想"。若常读书，我们就不会只是显得有文化，而是真的有文化。因为关于文化的一个靠谱的解释是：根植于内心的修养；无须提醒的自觉；以约束为目的的自由；为别人着想的善良。阅读是生命中不可缺少的组成部分，是追求幸福、快乐、精彩、高尚人生的途径。让我们在阅读中增长智慧，在阅读中培养情操，在阅读中发现真善美，在阅读中体会责任与担当，汲取勇往直前的精神力量。

以书为媒，相约书香，亲近书本，让我们在书香墨痕中找寻温润精致的生活状态吧。

在家委会的带动和全体家长的积极参与下，家委会精心组织安排了一次次精彩纷呈的课外活动，把课堂设在了蓝天碧水间，使孩子们在放松身心、陶冶情操的同时，了解了许多课本以外的知识。这些活动更是增进了亲子之间，孩子与孩子之间，老师与孩子之间的感情；促进了家长与家长之间，老师与家长之间的沟通与了解。

春天，我们伴着山花的呼唤，迎着春风的洗礼，和家长、孩子们一起在九龙峪留下欢笑的身影。金秋十月，秋风送爽，我们又在植物园内留下了一串串欢笑的足迹。时间仿佛又回到了童年，我们也在尽情地宣泄。孩子们收获了无尽的欢乐，家长们也收获了彼此的友谊。在清明节前夕，陈炎霏的妈妈组织了一次去高柳烈士纪念祠缅怀先烈的爱国主义教育活动。家长和孩子们对这次活动充满了期待，满怀热情。从租车、买花、做队旗、酝酿宣誓词到活动中的各个细节，大家在群里献计献策、积极响应。经过十几天的筹备，终于迎来了成行的日子……

刘老师因为身体原因在医院住院，没能参加，家委会成员就全程录像，决定活动后拿给刘老师看。汽车一路奔驰，最后停在了一条村路旁边。当大家知道目的地到了的时候，一路的喧嚣瞬间停止了，无需强调，孩子们自觉地排起了队，家长们默默地跟随在后面。队伍井然有序地停在烈士祠的广场前，在讲解员叔叔的带领下，孩子们完成了队旗下的宣誓。看着孩子们稚嫩的小脸、坚毅的目光、紧握的拳头，听着孩子们铿锵的誓词，时光仿佛回到了童年。没想到在没有老师跟随的情况下，有这么多人参加的活动竟被家委会的成员们组织得这么有条不紊。从孩子们的日记中，我也感觉到他们被深深地震撼和感动了。家长们也在群里交流：因为孩子，我们来到烈士纪念祠，缅怀先烈，接受爱国主义教育。心中又开启了一扇窗，一扇荡涤心灵的窗。

本学期组织的综合实践探究活动，更是让孩子们的团队意识增强了，每个孩子都能够走上讲台，熟练地进行脱稿汇报，他们都能积极地背稿子，积极参加排练。这就是团队的力量啊！

建设"诵咏文典，墨书国章"的特色班级，是一项细致而漫长的工程，它会在学生的终身发展中起作用，但其路途漫长而曲折。班级文化这片园地也许很小很小，但它承载着无限大的希望。为了这片园地永远天晴月朗，我们要用阳光去普照，用雨露去滋润，用爱心去包容，用智慧去创新，让诵墨讲堂满是爱的味道，让彼此插上腾飞的翅膀！

三年来，刘老师坚持"以文载道，以文育人"，以诵墨促进班级德育发展，以班级德育促进学生成长，逐渐形成"以文载道，以文育人"的特色班级。班级文化像一个大磁场，它以巨大的磁力吸引着学生，同时像一个大情感场，产生一条条情感链，形成一股股强烈的情感流，流向每个学生的心田，驱使着学生自觉自愿、潜移默化地接受感染、熏陶、教育和鞭策，帮助学生在体验中感悟，产生积极向上、要求进步的无形力量，从而产生自主、自求、自得、自乐的强烈愿望。刘老师相信，在特色班级的创建中，只要我们用心、用行动去做每一件事，就能让我们获得幸福，最重要的是作为教师的我们会培育出许多有幸福感的孩子，而培育出有幸福感的孩子才是教育的最大成功。让我们做一个真正幸福的教师，让我们把所带的每一个孩子都培育成幸福的孩子，一起静听花开、欣赏怒放的生命吧！

王姣
爱与信仰，在星辉斑斓处绽放

👩 王姣简介

王姣，青州云门书院双语学校英语教师。潍坊市青年教改先锋，青州市教坛新秀，青州市优秀共产党员。

王姣一直有个信念，她要当一名出色的班主任，她要打造一个有特色的班级，她要用先进教育技术引领自己的班级管理和学科教学。她创建了全市少有的"英语光影苑"特色班级，带领班级家委会举办"迎双节、念恩情"月光英语沙龙、第一届英语阅读会、英语剧大赛、"庆六·一"英语素养展示等活动，提升学生英语素养，架起了一座中西文化交流的桥梁。

🎭 王姣心语

英语是一门学科，更是一种美丽的语言。和英语学科的相遇已逾十年，和孩子们关于这种语言的相遇每天都曼妙无比。我爱这门学科，更爱这种语言在孩子们指尖流淌、在孩子们唇边绽放的美好。

👤 家长感言

秋叶飘零，气温骤降，时已初冬，阳光却仍暖暖和和地照着，暑往寒来，儿子进入双语学校已经两年多了。入学前，经常听同事说起，"双语很不错，培养了孩子良好的学习习惯"。我深知，进入一个优秀的班级会影响孩子一生，不仅仅是学习成绩，还有比成绩更重要的人生观和价值观的形成，以及良好习惯的培养。

加入2016级4班大家庭后，从刚入学的忙乱无措到后来的有条不紊，我想我们一起适应得很好。我自己也从中得到了乐趣，最高兴的是，我发现孩子慢慢有变化了，他说自己是少先队员了，自己的事情要自己做。虽然他还有很多缺点，比如粗心、动作慢等，但他一天天在进步。孩子的点滴变化，我们看在眼里，喜在心头。我们深知，这一切都凝聚着王老师的心血和汗水。感谢王老师对学生的关爱！感谢学校和老师们付出的努力，让孩子们热爱生活、热爱学习，尊师重道、孝老爱亲。你们的付出和努力，感动并激励着身为家长的我们反躬自省。我们要努力培养自己良好的习惯和健康爱好，与孩子们共同成长。

作为学校英语特色班级"英语光影苑"，英语研学旅行、英语校际交流，各种活动让家长看到了学校老师的付出，"教孩子六年，想孩子一生"让我们看到了老师的责任与耐心，"希望之托，重于泰山"让我们悟出了老师们的信心与关怀……口号声声震天响，书声琅琅憾乾坤，看到、听到、悟到的一切，使我们所有的家长都庆幸把孩子送到了王老师的班级，我们骄傲！

"宝剑锋从磨砺出，梅花香自苦寒来。"在这样一个优秀的班级，我们见证了王老师的无私奉献、谆谆教诲，她不仅教孩子学习，更教孩子们做人。我相信儿子一定能够成长为一个优秀的人，一个对社会、对家庭有用的人，一个有自身存在价值的人！

校园一隅，一树寒梅竞相开放，高傲而倔强地展示着自己的美丽，我们要誓做枝头那朵傲雪的红梅，让自己的生命坚强璀璨！

——刘宸宇爸爸 刘大成

爱与信仰，在星辉斑斓处绽放

雷夫说，每一位老师的教育思想都可以在教室里绽放。

绽放的教育思想，绽放的英语特色班级，绽放的一张张阳光的笑脸，绽放的爱的力量，都随着她青春的教育历程在成长！

——题记

王姣老师毕业于中国传媒大学，十年来，她忠诚于党的教育事业，时时刻刻践行着共产党人的教育信仰，始终如一，严谨求实，勤奋刻苦，出色完成了各项任务。

勤于学习，为教改积淀坚实基础

先进的教育观念源自不断地学习，因此，王老师把学习新课程理论相关知识作为自己教学的第一步。"要给学生一杯水，教师要有一桶水。"要让学生读准的单词，她自己会先将一个个音节拆分，对照标准发音练到极致；要让学生背过的课文，她自己会先背过，小到一个句子的抑扬顿挫，大到课文的语法，她一个也不放过。班里刘依依同学的家长说："老师，我每次去学校给孩子拿作业，都看到你在不停地读啊读啊，老师都要这样练习，孩子和家长在家当然不能懈怠了！"

多年来，她努力钻研最新的教育理念，积极参加各级各类教研活动、课程培训，通过对教育新知识、新方法的学习，吸收先进教法，总结实践经验，理论水平和业务能力得到了切实提高。她数次在全省各类会议和比赛中讲授公开课、观摩课，做经验介绍，得到了领导和同事的好评，多次在潍坊市、青州市教学大赛中荣获一等奖，多次接受青州电视台《有啥说啥》《快乐宝贝》《青州教育》的采访。

勇于探索，打造高效课堂、高品质班级

在新课程改革中，王老师不断总结教学经验，注意研究和把握教学改革动向，注重提高课堂教学效率，积极拓展高效优质的生态课堂新思路，努力营造民主和谐的教学氛围，充分尊重学生个性发展，培养高品质的特色班级。

1. 创新课堂教学，探索课堂新模式

她着力把创新教育思想融入课堂教学，积极探索新的课堂教学模式。在传统的课本教学基础上，结合本校教学实际，和英语组的老师们一起进行了模块教学的有效整合，将每个模块的英语教学内容梳理总结为自然拼读课、阅读课、写作课、复习课等不同课型。整合后的小学英语课堂，知识体系更系统了，学生的知识面拓展了，教师的备课也更精准了，大大提高了学生的学习效率，王老师也曾两次在潍坊市、青州市"模块整体教学研讨会"中执教示范课、做经验介绍。

2. 立足特色班级建设，打造"英语光影苑"特色班级

学习了雷夫的《第56号教室的奇迹》，她记住了一句话：每一位老师的教育思想都可以在教室里绽放。她想：有语文阅读观念的老师，可以组建诗韵苑、书香乐苑，那么，作为一名有英语思维的班主任，是不是也可以有自己的特色呢？说干就干，适逢担任2016级4班班主任，她马上召开了班级家委会会议，她的想法得到了大家的热烈响应，家委会为孩子们购置了大量的英语原版绘本，有的家长给孩子们提供了班级英语活动的固定场地，有的家长帮孩子收集了大量可供模仿的英语音视频。几年来，班级先后举办了"迎双节、念恩情"月光英语沙龙、三届英语阅读会、英语剧大赛、"庆六·一"英语素养展示等活动。孩子们敢开口说英语了，他们的学习兴趣提高了，英语课学得更加带劲儿了。孩子们的英语口语让老外都啧啧称赞，班级的英语活动也多次被青州教育视界、《有啥说啥》《快乐宝贝》《青州教育》等媒体报道。

科技引领，让新课程教学绽放异彩

熟练掌握计算机初步应用技术成了当今教师的必修课程。王老师对计算机辅助教学产生了极大兴趣，经过几年的不懈努力，她熟练掌握了最先进的英语"互动教学系统"和"点读技术"，并执教了潍坊市"互动教学系统"示范课。2017年10月份，她建立了青州市第一个依托新技术的英语广播站，为学生搭建了广阔的展示平台。2017年11月份，她带领年轻教师创立了潍坊市最大的小学英语公众号"悦听悦享ABC"。在青州云门书院的家长群里，经常看到这样的情景：安静的夜晚，一大一小对着手机，或抑扬顿挫，或捧腹大笑，不是在玩手机游戏，而是一起跟着"悦听悦享ABC"公众号的英语音视频在预习和跟读呢！如今，"悦听悦享ABC"公众号在全市家长和学生中已经有了广泛的影响力，为学生和社会英语爱好者搭建了良好的英语学习平台。

2018年上半年，她开始带领二年级学生进行英语配音和英语微视频制作尝试。最初的尝试是艰难的，没有低年级学生参赛的先例，加上刚开始对英语微视频制作软件不熟悉，从搜集资料到指导学生朗读，她只能一步步慢慢摸索。低年级的孩子背单词时容易发音不准，她就一遍遍反复纠正，把自己的发音录下来，让孩子回家模仿。慢慢地，孩子们的口语有了可喜的变化，语调地道了，肚子里的"墨水"多了，开始出口成章了，这是多么可喜的事情！在她和孩子们的坚持下，到二年级结束，她的二年级学生已经在全国中小学生英语数码故事大赛中获得了二、三等奖，一举打破了潍坊市参加全国科技创新项目的最小年龄记录。

科研导航，让教改之路延伸

时代呼唤研究型教师、学者型教师。在探究新的教学方法、积极进行课改的同时，王老师时刻不忘朝着科研型教师的方向发展。她创立了"小学英语电影五位一体教学法"，通过"观、析、模、演、配"，帮助学生轻松学英语、快乐说英语。该教学法获得青州市小课题一等奖、青州市优秀个性化教学法。以该教学法为依托，她执教了潍坊市首例电影欣赏课，成果在青州市创新教育成果展示会上展评。她钻研英语校本课程开发，主持开发的校本教材《英语电影ABC》在青州市中小学创新教育校本课程评选中获奖。

心系灾区，爱心传递

作为一名班主任，王老师坚信爱可以融化一切冰霜。因此，她把爱的教育融入自己的班会课堂。2018年8月18、19日，百年不遇的特大暴雨席卷了王坟大地。新学期第一天，她带领2016级4班的孩子们来到王坟镇亓荣希望小学，和灾区师生同上别开生面的"开学第一课"，带着对灾区孩子的希望与祝福，师生齐聚灾区，共话成长。

有一种行动，温暖手心，那是手拉手。

有一种情感，心心相印，那是心连心。

孩子们用节省下来的零花钱购买了图书和学习用品，送给灾区小朋友。走进灾区，他们看到被冲毁的道路和房屋，聆听着灾区小伙伴们描述的灾难瞬间，感受着灾区人民灾后重建的坚强和勤劳，爱与责任在孩子们心中涌动。开学第一课上，王老师为灾区孩子们带去了希望与祝福。希望孩子们在灾难面前不怕困难，积极乐观地加入到家园重建的队伍中；希望孩子们常怀感恩之心，传递爱和力量。

通过这节别开生面的班会，孩子们懂得了要常怀感恩之心，让爱心传递，尚德阳光，追逐梦想！潍坊市学生资助中心、青州电视台《青州新闻》《有啥说啥》对活动进行了全程报道。

"路曼曼其修远兮，吾将上下而求索。"在教学改革中，王姣老师不断试验、不断反思、不断研究，她对教育事业无限热爱。她的教育信仰正在青州教育的星辉斑斓处生根、绽放！

王永明
六艺学堂，助推学生健康成长

王永明简介

　　王永明，青州云门书院双语学校语文教师。青州市优秀教师，青州市优秀班主任。在省级"一师一优课"评选中获奖；积极参加教科研活动，撰写的小课题多次获得青州市一等奖；创立了以"诵、读、写、炼、问、察"为内容的"新六艺学堂"特色班级，引导学生养成勤思好问、善于观察、认真书写的良好习惯，在经典诵读中快乐健康地成长，用自己的行动和自己的爱心去教育孩子。

王永明心语

　　教孩子六年，想孩子一生，我们对"新六艺学堂"特色班级的孩子们六年后有这样的期待：孩子们能有一颗爱心，尊敬老师，孝敬父母，热爱生活；孩子们的身体棒棒的，养成良好的生活和学习习惯；孩子们的好奇心能得到保留，孩子们的探索心能得到激发。

家长感言

　　六年前在孩子入学之际，我们选择了青州云门书院双语学校，事实证明我们的选择是正确的。六年来，通过老师们的教育，我们的孩子逐渐成熟起来，老师们落落大方的举止、朴实的生活作风、勤奋好学的精神，潜移默化地影响着我们的孩子，让他们在这里养成良好的学习和生活习惯。正是由于老师们对孩子的无私奉献和谆谆教导，才使每个孩子都有了可喜的进步。"小学教育的目的就是培养孩子良好的学习习惯"，而良好的学习习惯的养成不能仅仅依靠学校的力量，还需要我们家长一起努力。这六年来，我们班的家长热心、积极地参与支持老师的工作，家长、孩子、老师之间的关系特别和谐，班级管理工作开展得特别好。我们班也不负众望，年年被评为"学校优秀班集体""书写优胜班级"，并获"特色班级创建一等奖"，不负于"新六艺学堂"这个响亮的班级名称。

我们有自己的特色班徽，有独特的班服，是双语学校第一个有自己公众号的班级。我们每学期都会鼓励孩子们自发组织去参加社会实践活动，有几次大型活动在学校里深受学生和老师们的好评。这些活动的开展不仅使我们班孩子的思维活跃起来，开阔了眼界，培养了爱心，增强了组织观念，更加深了同学间的友谊。

"教室无小事，事事皆育人。"教室里的墙报，展示着学生的绘画、书法作品和优秀的作业、精美的手抄报等等，我们班的每一个角落都弥漫着浓浓的书香气息，每一方空间都充溢着以人为本的温馨，孩子们每天都能尽情感受着校园文化及班内优美环境所带来的那种满足与幸福。

感谢学校和新六艺学堂，提供了如此好的平台让孩子们彰显自我，在共性中寻找个性，在实践中取得进步，让孩子们在其间自由飞翔、彰显个性，也许给孩子们一个美好的未来。

——刘俊泽妈妈 李莉

六艺学堂，助推学生健康成长

班集体的建设与管理是班主任工作的永恒主题，而建设一个有特色的班级，引领班级每个成员朝着共同的方向努力，形成团结互助、积极向上的学习团体，促进学生健康成长，正是我们班主任梦寐以求的愿望。

——题记

特色实际上就是个性，是鲜活的生命。一个教师如果没有自己的特色，那他只能是一个平庸的教师。同样，没有特色的班级也不能迸发出生命的活力。因此建设特色班集体，就要立足于本班学生实际，着眼于学生的未来发展，最终促进师生的共同成长。

1. 立足于本班学生实际，是创建特色班集体的基础

老师们在确定特色班集体的主题时，必须深入分析本班学生的实际情况。班主任可以从班级存在的问题出发，思考解决问题的对策，从而确定创建主题，以班级特色达到破解班级难题的目的。王永明老师创建的"新六艺学堂"，其中一"艺"是诵读圣贤雅言，以"善雅"为主导，以《弟子规》为切入口，结合班级的实际，晨读《弟子规》，传统文化学《弟子规》，结合《弟子规》开展"感恩教育"等相关活动。既有显性的展示，又有隐性的融入，把国学思想真切地融入学生的精神世界中，取得了良好的成效。这就是在常规中做出了自己的特色，赋予班级生机和活力，促进了学生的成长。

2. 着眼于学生的未来发展，是创建特色班集体的动力

选择班级特色，必须以人为本，必须着眼于学生的未来发展。教孩子六年，想孩子一生。小学六年，孩子所养成的品德习惯、学习习惯和生活习惯等将影响孩子一生。当学生离开学校的时候，他所学习的一些具体知识可能忘记了，但他已经形成的良好习惯却会使自己受益终生，六年奠基一生！每一个班级特色主题的选择，都必须立足于孩子的终身发展，要摒弃急功近利的思想，着力打造能够影响孩子一生、具有鲜明个性的班级文化特色。

定位于师生的共同成长。特色班集体的创建过程，也是师生共同成长的过程。特色班集体的创建不仅赋予孩子们成长的精神食粮，更是班主任突破常规工作方法，寻找班级管理新思路和新突破口的有益尝试。师生在创建特色班级的过程中会得到更多的启迪，从而实现自身的不断成长和发展。

新六艺学堂的创建源泉。2014年春天，全国著名特级教师于永正老师应邀来到我们双语学校，在和老师们座谈时，他谈到了"语文教育应该给孩子留下什么"的问题。他回顾了自己"从小学到师范学校，受了12年的教育，忘掉了什么？他思来想去，有两个方面忘得比较干净：第一，课文内容多数忘掉了。第二，老师的讲解忘掉了"，那"语文教育应该给孩子留下什么？"于老师总结为：第一要留下语言，留下语言就要识字和积累词语。第二要留下能力，即要留下书写能力、写字能力和阅读能力。第三，要留下习惯，学习习惯和生活习惯将影响孩子一生。于是王永明老师结合班级实际创建了以"诵、写、读、炼、问、察"为内容的"新六艺学堂"特色班级，他引导学生养成勤思好问、善于观察、认真书写的良好习惯，在经典诵读中快乐健康地成长。将其简化为班级口号就是：诵读经典、博古通今、勤思好问、善于观察、运动健康、快乐成长。

班级文化与新六艺学堂相伴

良好的教室环境能为学生创设适合身心发展、净化心灵、陶冶性情的氛围。当班级文化的精神内涵被挖掘、提炼出来，且被班级成员认同、理解和执行时，它就会以一种"润物细无声"的方式渗透于每个班级成员的心灵，体现出班级的独特魅力，从而形成强大的班级凝聚力。这种班级文化的精神内涵，将使班集体中的每位成员不知不觉地选择它并向它靠拢，从而在班集体这一特定文化氛围的熏陶和浸润下逐步形成优秀的品质。它可以影响孩子一生，使孩子终身受益。

走进"新六艺学堂"特色班级的教室，最醒目的便是班级文化墙。将六艺内容"诵、写、读、练、问、察"放置于班级后方的文化墙上，让文化内化于心。

班级图书角是必不可少的。孩子们把最爱的书籍、报刊等捐献出来和全班同学一同分享。他们充分利用班级图书角，让学生有书读，实现资源共享。每学期初，王永明老师都会号召每个学生积极捐出自己喜欢的课外书籍，来充实班级的图书角，而家长们也会不定期地给孩子们捐赠图书，一年中就有15位家长为班级购买了图书。图书资源解决了，而对于图书管理员的选定，王永明老师采取的是谁读的书多就由谁担当的策略，他们的职责就是负责图书的借阅、登记、归还等工作。书一周一借，图书管理员可以不受限制，极大调动了孩子们的积极性。班级图书角的建立，极大地方便了学生闲暇时间的阅读，也为学生多读书、读好书提供了条件，营造了良好的班级读书氛围。

捧起一本好书，就是捧起一个伟大的思想；翻动一纸书页，就是翻动一个海洋。让孩子赢在起跑线上，最有效的途径就是让孩子进行大量阅读，让读书成为习惯，让书香浸润童年。通过开展读书活动，激发学生的读书兴趣，让每一个学生都想读书、爱读书、会读书，从小养成热爱读书、博览群书的好习惯，并在读书活动中陶冶情操、获取真知、树立理想、享受生活！

除此之外，班级的笑脸墙将42名同学的灿烂笑脸定格在这里，让灿烂的阳光伴随他们快乐学习、健康成长！学生在教室里种植了绿色植物，大大小小、高高矮矮，充满生机；他们还养了小动物，有小金鱼、小乌龟，同样生机勃勃。学生们在枯燥的学习之余，可以来到生态园感受植物和动物带给他们的乐趣。

墙壁上的"成长足迹"专栏，记录着孩子们的点滴进步。教室内两条立柱上的名言警句，黑板上方醒目的"徜徉书海，翰墨遗香"等，都散发着浓浓的书香。这些班级文化墙不仅引领着孩子们的日常成长，也展示着孩子们在"新六艺学堂"特色班级的各种成果。

六艺学堂，在实践中助推学生成长

诵——日有所诵，诵响经典雅言

六艺之中，"诵"居首位。特色班级成立之初，王永明老师就给班级的孩子们制订了六年诵读计划，从《三字经》《弟子规》《增广贤文》《朱子治家格言》到《四书五经》。他相信孩子们日日诵读这些圣贤雅言，不仅有利于语文素养的逐步形成，更重要的是利于孩子们思想人格的养成和高尚道德情操的培养。在学校的特色课程双语演讲课和每天的20分钟早读时间，"新六艺学堂"特色班级的孩子们周一到周四诵读学校统一规定的内容，周五则诵读王老师给他们选定的内容。在诵读中，王永明老师使用多种方式，用来提高孩子们的诵读兴趣。读《弟子规》时，他边给孩子们播放视频动画并讲解，边引导孩子们熟读成诵，甚至还邀请音乐老师把《弟子规》的内容编排成儿歌，让音乐老师也参与到特色班级创建中来，让经典诵读走进音乐课中。王永明老师还开展了形式多样的诵读活动。

1. 班级古诗接龙友谊赛

结合实际情况开展小型而多样的活动，以激发学生的诵读积极性。每周拿出固定时间作为经典诵读的活动时间，开展多种形式的诵读活动，以促进学生之间的诵读交流，提高学生的诵读积极性，达到互相学习、取长补短，使诵读活动得以深入实施之目的。

2. 经典诵读我能行

利用双语演讲课搭建展示诵读的平台，组织"中华经典诵读会""诵读小小擂台赛""诵读大考场""经典诵读大比拼"，开展小品、故事、歌咏、表演、展示等活动。特别是在学校组织的班级素养展示活动中，孩子们把平时的积累带到了更高的舞台上，把梦想放飞得更远。

3. 经典诵读进家庭

开展家庭诵读比比看活动，孩子和家长共同受益、共同成长，活学活用古诗文；且搭建家校平台，寻找机会让学生多接触古诗文，使古诗文诵读活动能够丰富学生的课内外学习生活。每周布置相应的经典诵读任务，由老师和家长共同完成对学生的指导、检查工作，并且鼓励家长与孩子一起诵读，交流心得，实现家校合力之目标。王老师会利用家长会、校信通、班级博客等多种渠道与家长取得沟通。

4. 创建班级博客

在新浪网创建"童心飞翔"博客，开辟"精彩活动""日有所诵""优秀作品"等栏目，记录孩子的成长足迹，刊登孩子的优秀作品，促进教师与学生、教师与家长之间的真诚对话与沟通。

王永明老师相信经典诵读能让孩子们懂得感恩，懂得孝敬父母、团结同学、乐于助人，养成良好的习惯，孩子们在诵读中会受到潜移默化的影响，有利于班级的管理，从而达到育人的目标。

读——日有所读，读懂经典文学

在班级文化中不难寻到孩子们日常读书的痕迹。"读书伴我成长、读书之星评选、读书感悟、书香家庭、好书推荐"等栏目的设置，正是孩子们已逐步养成读书习惯的最好诠释。每个孩子都制作了书签，并在上面写上了自己喜欢的与读书相关的格言。每周三下午举办的读书交流会活动，孩子们会向小伙伴们推荐书目。读书这颗种子在这些孩子们的小脑袋瓜里萌了芽。

在读书的过程中，王永明老师琢磨出一些适合学生的读书法，后来逐步形成了较为系统的读书指导方略，并为它们取名为"读书五步行"。

第1步："教"。教学生怎样处理不认识的生字，怎样找好词好句，学会提出问题。

第2步："学"。把教给学生读书的技巧和方法在所学教材中进行运用，在平时语文教学中不断渗透读书方法。

第3步："训"。将课堂中学到的读书方法用到课外书的阅读中，让学生在最短的时间里读更多的书。

第4步："督"。班级成立读书督导小组，班里实行小组化学习，四人就是一个集体，小组长每天都会记录自己组员的读书情况，一周一小结，一月一大结，根据统计情况进行表彰奖励。

第5步："评"。建立读书评价激励机制，评选读书之星、书香家庭，同时引导学生写读书感悟，通过"好书我推荐"等活动提高学生的读书意识。为了将读书真正落到实处，王永明老师也采取了一些读书措施。

1. 开设"每日一得"

引导学生阅读、理解、背诵名人名言，学习名人的读书方法，感受名人刻苦读书的精神，及时粘贴有关读书知识及学生制作的读书小报，营造出一种让学生一进教室就想读书的氛围。

2. 落实读书时间

为了让读书活动有序开展，王老师认真制订了读书计划。他让学生充分利用课余时间进行阅读，保证学生每天在校至少有1个小时的阅读时间。双休日、节假日更要做到读书、休息两不误，使读书成为一种习惯、一种乐趣。每周定期推荐阅读书目，通过和学生的交流进行引领和指导，使学生真正感受到读书的快乐。

3. 班级成立读书责任小组

根据学生的阅读基础，成立班级读书责任小组，选举组长协助老师组织读书活动。在固定的读书时间里，大家共读一本书，让优秀学生带动读书积极性不高的学生。

4. 写读书笔记

王永明老师倡导学生在阅读中积累好词佳句，要求学生将读书活动中读到的精彩片段、好词好句、名人名言摘录在"采蜜本"中。记录的内容要广泛，可以是一两句话、一两个好词，也可以是一种方法、一种启迪。其形式也要力求多样，可以是原文照抄，也可以是概括大意。每月举行一次读书笔记评优活动，树立优秀学生典型。学生现在只把它当作一项语文作业来完成，但是时间长了，积累本就不再是一个作业本了，它会变成一个让学生有感而发的地方，而有感受、有想法正是写作的源头。除此之外，他还利用每周的班队课或是课前五分钟时间，让学生把自己的读书内容或者读书感受与大家交流分享，甚至可以把自己喜欢的一段文章背给同学们听，这一做法有效地保证了读书的质量，也锻炼了学生的表达能力。要让每个孩子畅游书海，让每个孩子都能从浓浓的书香中汲取营养。

5. 出读书小报

学生收集有关读书的小资料、格言或读书的心得体会等，将它们出成"读书小报"，并组织全班同学参观、评比。

王永明老师还把学生的优秀作品发到QQ空间里，让大家评比，带动大家一同参与到读书活动中来。读书的目的不仅是增加孩子们的阅读量，让他们写出好文章，更是让孩子们明晰做人的道理。

写——日有所写，写出方正汉字

写字课是我们学校的又一个特色课程，每天下午上课前二十分钟是双语学校的课前练字时间。二十分钟的练字时间里，王永明老师和孩子们一样，把自己当成这个特色班级中的一员，和孩子们一起练字。在写字的过程中，孩子们不仅有学校自制的字帖、写字动画的陪伴，还有这个班级独有的《诵读与写作》教本相随。此外，利用学校水墨苑社团，成立班级书法学习小组。班级的40多位同学中也不乏爱偷懒、对书法学习时爱时厌、上课不认真听讲、练习不认真的同学。为了让这部分同学也能和其他学生一样自觉、主动地学习，王永明老师在班里成立了以水墨苑为基础的5个书法学习小组。以7~8个同学为一组，由一个书法比较好、自觉性比较强的学生担任组长，要求组员们在平时的学习、练习、讨论中互相监督、互相帮助、互相促进。有了别人的监督和帮助，那些本来爱偷懒、平时不用功的学生自然受到了别人的影响。当他们想偷懒或者不认真的时候，旁边的组员就会及时提醒他们，一回两回之后他们也就习惯了，慢慢把自己的不良习惯改了过来。

炼——日有所炼，"炼"就健康体魄

"体育于吾人实占第一之位置。体强壮而后学问道德之进修勇而收效远。"参加体育锻炼对于中小学生来说具有重要的作用，不仅可以有效地增强学生体质，促进青少年身体的正常生长发育，还可以陶冶中小学生情操，培养他们良好的情感，促进心理健康。

王永明老师做了以下努力。首先是上好课间操，做好眼保健操。努力让学生明白老师严格要求的目的，变被动为主动，让他们乐于去做，而不是出于老师的威严去做。其次是抓队伍的队列训练，当学生排着整齐的队伍走出校门时，不仅展现出我们双语的形象，更重要的是向家长传递孩子们健康、阳光、快乐的状态。最后是和体育老师协商成立了跳绳、扔沙包、踢毽子、跑步、立定跳远五个体育兴趣小组，学生根据自己的特长选择兴趣小组，体育课自由活动时各兴趣小组就练习自己的项目，这样学生既有事可干，又能发展特长。王永明老师谈到有的学生文化课学得不好，如果我们只看重学习成绩的话，这部分学生就会被我们遗忘，他们的自尊心也会受到打击，而体育活动往往能够给这些基础差的同学一个展示自己的机会，从而帮助他们重拾信心。

炼，就是让孩子们以更强健的体魄去更好地生活和学习。

问——日有所问，问出奇思妙想

现在大部分孩子遇到问题后，只是偶尔愿意思考或根本不愿意思考，只有当老师问到的时候才提出自己不懂的问题。他们在课堂上通常以听为主，思考不积极，发言不主动，缺乏独创性。培养学生敢于提问、敢于质疑，遇到问题时通过自己的思考与分析解决问题的能力，显得十分重要。

王永明老师从改变学生碰到问题时便喜欢依赖家长或同学、老师的坏习惯入手，给家长们发短信，告诉家长不要孩子一问问题就告诉他们答案，而要给

孩子一段思考问题的时间，在他们实在想不出来时再做适当点拨。其次从课堂出发，鼓励孩子们提出挑战性的学习任务，激发学生提出问题的意识。最后建立了问题记录手册。孩子们要把自己想到的问题随时记录在问题记录手册上，上面列明提出问题者和回答问题者。一星期统计一次，看谁提得问题多，看谁回答得多，并进行奖励。

"察"——日有所察，察尽细枝末节

古今中外许多伟大的科学家、研究者们都十分重视观察，他们通常具有敏锐的观察力。如长期从事科学研究的著名生理学家巴甫洛夫在实验室中写着"观察、观察、再观察"的座右铭；著名的进化论创始人达尔文在谈到自己的成就时曾说过，"既没有突出的理解力，也没有过人的机智，只是在观察那些稍纵即逝的事物，并对其进行精细观察的能力上，我可能在他人之上"。因此，观察力是科学研究、创造发明不可缺少的重要品质。

孩子们总是写不出好的作文，王永明老师认为这与他们缺少一颗善于观察的心是有关系的。因此，他在平时的生活中教育孩子们处处留心，从留意身边的事做起，例如观察一下同学的变化，观察一下教室里花草的变化，并记录自己的观察过程。在不断的训练中，孩子们的观察力得到了增强。上学期，我们在家委会的组织下，开展了一次"收集树叶，汇精彩人生"活动。活动不仅让孩子们观察了树叶的不同之处，让他们了解了大自然的千奇百态，还让他们用树叶描绘了精彩的人生。

如果把班级比作一支军队的话，当士兵们有了"问"和"察"的能力时，那么他们敏锐的洞察力可以瞬间发现战场上的细微变化，从而及时捕捉战机。这是一种能力的体现。"新六艺学堂"的目标就是培养出一支优秀的、有敏锐观察力的军队！

家长成了特色班级创建的好参谋

如今的父母比以往任何时候都更为关注孩子的成长，这里所说的"成长"不仅包括孩子的学习，还包括孩子在学校的方方面面以及未来的发展方向。在班级的建设和管理中，要勤于并善于和家长沟通，善于捕捉和利用家长的优势与强项。

1. 家委会的组建

要将班集体与学校、班集体与社会、班集体与家长多重而紧密地联系在一起。家长委员会是"信息中心"，其成员经常会联系广大家长，并广泛听取家长们的各种意见、建议和要求，及时和老师进行沟通交流。各种信息在这里汇集、碰撞，经优化后为班级创设健康、积极、向上的成长环境提供了最大支持。同时，家委会还会第一时间把班级学生所取得的进步和遇到的困难与家长们进行交流，从而使家长在更大程度上支持班级特色创建工作的开展。

2. 给家长参与教学活动的机会

家长不但是家校共育中的响应者、参与者，还是教育者。尤其在小学教育阶段，家长参与教学有着重要意义，不仅能促进学科教学如综合实践活动的有效开展，而且能与教师、孩子一起成为教育的主体，进一步优化教育环境，丰富教育资源，共享班级特色建设的过程。

在创建特色班级的过程中，要团结所有家长，积极挖掘家长中的优势教育资源，发掘每位家长身上的闪光点，让他们积极参与到对学生们的教育中来，鼓励他们积极参加各项教学活动。相信在学校、班主任与家长们的联通互动中，学生的各项能力都会得到提升。